深圳改革创新丛书
（第三辑）

绿色光明 创新新城

——深圳市光明新区改革创新发展之路

◀ 张恒春◎主编 ▶

中国社会科学出版社

图书在版编目（CIP）数据

绿色光明　创新新城：深圳市光明新区改革创新发展之路／张恒春主编 . —北京：中国社会科学出版社，2016.2

（深圳改革创新丛书）

ISBN 978-7-5161-8023-5

Ⅰ . ①绿… Ⅱ . ①张… Ⅲ . ①区域经济发展—研究—深圳市

Ⅳ . ①F127.653

中国版本图书馆 CIP 数据核字（2016）第 084288 号

出 版 人	赵剑英	
责任编辑	王　茵	
责任校对	王福仓	
责任印制	王　超	

出　　　版	中国社会科学出版社	
社　　　址	北京鼓楼西大街甲 158 号	
邮　　　编	100720	
网　　　址	http://www.csspw.cn	
发 行 部	010-84083685	
门 市 部	010-84029450	
经　　　销	新华书店及其他书店	

印　　　刷	北京君升印刷有限公司	
装　　　订	廊坊市广阳区广增装订厂	
版　　　次	2016 年 2 月第 1 版	
印　　　次	2016 年 2 月第 1 次印刷	

开　　　本	710×1000　1/16	
印　　　张	13.5	
插　　　页	2	
字　　　数	201 千字	
定　　　价	49.00 元	

凡购买中国社会科学出版社图书，如有质量问题请与本社营销中心联系调换

电话：010-84083683

《深圳改革创新丛书》
编委会

总序：突出改革创新的时代精神

在人类历史长河中，改革创新是社会发展和历史前进的一种基本方式，是一个国家和民族兴旺发达的决定性因素。古今中外，国运的兴衰、地域的起落，莫不与改革创新息息相关。无论是中国历史上的商鞅变法、王安石变法，还是西方历史上的文艺复兴、宗教改革，这些改革和创新都对当时的政治、经济、社会甚至人类文明产生了深远的影响。但在实际推进中，世界上各个国家和地区的改革创新都不是一帆风顺的，力量的博弈、利益的冲突、思想的碰撞往往伴随着改革创新的始终。就当事者而言，对改革创新的正误判断并不像后人在历史分析中提出的因果关系那样确定无疑。因此，透过复杂的枝蔓，洞察必然的主流，坚定必胜的信念，对一个国家和民族的改革创新来说就显得极其重要和难能可贵。

改革创新，是深圳的城市标识，是深圳的生命动力，是深圳迎接挑战、突破困局、实现飞跃的基本途径。不改革创新就无路可走、就无以召唤。30多年来，深圳的使命就是作为改革开放的"试验田"，为改革开放探索道路。改革开放以来，历届市委、市政府以挺立潮头、敢为人先的勇气，进行了一系列大胆的探索、改革和创新，使深圳不仅占得了发展先机，而且获得了强大的发展后劲，为今后的发展奠定了坚实的基础。深圳的每一步发展都源于改革创新的推动；改革创新不仅创造了深圳经济社会和文化发展的奇迹，而且使深圳成为引领全国社会主义现代化建设的"排头兵"。

从另一个角度来看，改革创新又是深圳矢志不渝、坚定不移的命运抉择。为什么一个最初基本以加工别人产品为生计的特区，变成了一个以高新技术产业安身立命的先锋城市？为什么一个最初大学稀缺、研究院所几乎是零的地方，因自主创新而名扬天下？原因很多，但极为重要的是深圳拥有以移民文化为基础，以制度文化为保障的优良文化生态，拥有崇尚改革创新的城市优良基因。来到这里的很多人，都有对过去的不满和对未来的梦想，他们骨子里流着创新的血液。许多个体汇聚起来，就会形成巨大的创新力量。可以说，深圳是一座以创新为灵魂的城市，正是移民文化造就了这座城市的创新基因。因此，在特区30多年发展历史上，创新无所不在，打破陈规司空见惯。例如，特区初建时缺乏建设资金，就通过改革开放引来了大量外资；发展中遇到瓶颈压力，就向改革创新要空间、要资源、要动力。再比如，深圳作为改革开放的探索者、先行者，在向前迈出的每一步都面临着处于十字路口的选择，不创新不突破就会迷失方向。从特区酝酿时的"建"与"不建"，到特区快速发展中的姓"社"姓"资"，从特区跨越中的"存"与"废"，到新世纪初的"特"与"不特"，每一次挑战都考验着深圳改革开放的成败进退，每一次挑战都把深圳改革创新的招牌擦得更亮。因此，多元包容的现代移民文化和敢闯敢试的城市创新氛围，成就了深圳改革开放以来最为独特的发展优势。

30多年来，深圳正是凭着坚持改革创新的赤胆忠心，在汹涌澎湃的历史潮头上劈波斩浪、勇往直前，经受住了各种风浪的袭扰和摔打，闯过了一个又一个关口，成为锲而不舍地走向社会主义市场经济和中国特色社会主义的"闯将"。从这个意义上说，深圳的价值和生命就是改革创新，改革创新是深圳的根、深圳的魂，铸造了经济特区的品格秉性、价值内涵和运动程式，成为深圳成长和发展的常态。深圳特色的"创新型文化"，让创新成为城市生命力和活力的源泉。

2013年召开的党的十八届三中全会，是我们党在新的历史起点上全面深化改革做出的新的战略决策和重要部署，必将对推动中国特色社会主义事业发展、实现民族伟大复兴的中国梦产生重大而深远的影响。深圳面临着改革创新的新使命和新征程，市委市政府打出全面深化改革组合拳，肩负起全面深化改革的历史重任。

如果说深圳前 30 年的创新，主要立足于"破"，可以视为打破旧规矩、挣脱旧藩篱，以破为先、破多于立，"摸着石头过河"，勇于冲破计划经济体制等束缚；那么今后深圳的改革创新，更应当着眼于"立"，"立"字为先、立法立规、守法守规，弘扬法治理念，发挥制度优势，通过立规矩、建制度，不断完善社会主义市场经济制度，推动全面深化改革，创造新的竞争优势。特别是在党的十八届三中全会后，深圳明确了以实施"三化一平台"（市场化、法治化、国际化和前海合作区战略平台）重点攻坚来牵引和带动全局改革，推动新时期的全面深化改革，实现重点领域和关键环节的率先突破；强调坚持"质量引领、创新驱动"，聚焦湾区经济，加快转型升级，打造好"深圳质量"，推动深圳在新一轮改革开放中继续干在实处、走在前列，加快建设现代化国际化先进城市。

如今，新时期的全面深化改革既展示了我们的理论自信、制度自信、道路自信，又要求我们承担起巨大的改革勇气、智慧和决心。在新的形势下，深圳如何通过改革创新实现更好更快的发展，继续当好全面深化改革的排头兵，为全国提供更多更有意义的示范和借鉴，为中国特色社会主义事业和实现民族伟大复兴的中国梦做出更大贡献，这是深圳当前和今后一段时期面临的重大理论和现实问题，需要各行业、各领域着眼于深圳全面深化改革的探索和实践，加大理论研究，强化改革思考，总结实践经验，作出科学回答，以进一步加强创新文化建设，唤起全社会推进改革的勇气、弘扬创新的精神和实现梦想的激情，形成深圳率先改革、主动改革的强大理论共识。比如，近些年深圳各行业、各领域应有什么重要的战略调整？各区、各单位在改革创新上取得什么样的成就？这些成就如何在理论上加以总结？形成怎样的制度成果？如何为未来提供一个更为明晰的思路和路径指引？等等，这些颇具现实意义的问题都需要在实践基础上进一步梳理和概括。

为了总结和推广深圳当前的重要改革创新探索成果，深圳社科理论界组织出版了《深圳改革创新丛书》，通过汇集深圳市直部门和各区（新区）、社会各行业和领域推动改革创新探索的最新总结成果，希图助力推动深圳全面深化改革事业的新发展。其编撰要求主要包括：

首先，立足于创新实践。丛书的内容主要着眼于新近的改革思维与创新实践，既突出时代色彩，侧重于眼前的实践、当下的总结，同时也兼顾基于实践的推广性以及对未来的展望与构想。那些已经产生重要影响并广为人知的经验，不再作为深入研究的对象。这并不是说那些历史经验不值得再提，而是说那些经验已经沉淀，已经得到文化形态和实践成果的转化。比如说，某些观念已经转化成某种习惯和城市文化常识，成为深圳城市气质的内容，这些内容就可不必重复阐述。因此，这套丛书更注重的是目前行业一线的创新探索，或者过去未被发现、未充分发掘但有价值的创新实践。

其次，专注于前沿探讨。丛书的选题应当来自改革实践最前沿，不是纯粹的学理探讨。作者并不限于从事社科理论研究的专家学者，还包括各行业、各领域的实际工作者。撰文要求以事实为基础，以改革创新成果为主要内容，以平实说理为叙述风格。丛书的视野甚至还包括那些为改革创新做出了重要贡献的一些个人，集中展示和汇集他们对于前沿探索的思想创新和理念创新成果。

最后，着眼于解决问题。这套丛书虽然以实践为基础，但应当注重经验的总结和理论的提炼。入选的书稿要有基本的学术要求和深入的理论思考，而非一般性的工作总结、经验汇编和材料汇集。学术研究须强调问题意识。这套丛书的选择要求针对当前面临的较为急迫的现实问题，着眼于那些来自于经济社会发展第一线的群众关心关注或深入贯彻落实科学发展观的瓶颈问题的有效解决。

事实上，古今中外有不少来源于实践的著作，为后世提供着持久的思想能量。撰著《旧时代与大革命》的法国思想家托克维尔，正是基于其深入考察美国的民主制度的实践之后，写成名著《论美国的民主》，这可视为从实践到学术的一个范例。托克维尔不是美国民主制度设计的参与者，而是旁观者，但就是这样一位旁观者，为西方政治思想留下了一份经典文献。马克思的《法兰西内战》，也是一部来源于革命实践的作品，它基于巴黎公社革命的经验，既是那个时代的见证，也是马克思主义的重要文献。这些经典著作都是我们总结和提升实践经验的可资参照的榜样。

　　那些关注实践的大时代的大著作，至少可以给我们这样的启示：哪怕面对的是具体的问题，也不妨拥有大视野，从具体而微的实践探索中展现宏阔远大的社会背景，并形成进一步推进实践发展的真知灼见。《深圳改革创新丛书》虽然主要还是探讨本市的政治、经济、社会、文化、生态文明建设和党的建设各个方面的实际问题，但其所体现的创新性、先进性与理论性，也能够充分反映深圳的主流价值观和城市文化精神，从而促进形成一种创新的时代气质。

王京生

（现任国务院参事）

前　言

　　本书试图将光明新区成立以来以绿色和创新为主题和主线的发展做一总结，回顾是为了借鉴，希望通过回顾总结，探索新区发展的规律和路径，为未来的大发展提供思路和理念。

　　光明新区成立于 2007 年，相对于中心城区和原特区外两个区，光明新区确实较新。但是，新区可以吸收、借鉴其他区的经验和教训，避免重蹈覆辙和走弯路。今天的光明新区已不再偏僻，这里已经成为深圳高新技术产业带的重要节点，深圳新兴产业发展的重要孵化基地。光明新区从诞生那天起，就担负着探索产业转型，特别是探索城市转型之路的历史重任。"创新"成为光明新区的发展基因与必然选择。成立后的光明新区，在绿色和创新方面做了大量卓有成效的探索，积累了大量的宝贵经验。因此本书认为：

　　首先，新区牢牢抓住"科学发展、先行先试"这个发展核心，以"现代化绿色新城"为统揽，以光明新城建设为突破口和带动点，实施"新型工业化、新型城市化"两轮驱动，在城区发展新模式上探索出了一条"绿色新城、创业新城、和谐新城"的新路径。

　　其次，新区通过体制机制创新，大力推进高新园区建设，把园区发展作为拉动新区大发展的超级引擎，并以此加快新区的城市化进程。光明新区自成立以来，从顶层设计、战略定位到具体谋划、阶段实施，每一个环节都围绕着绿色经济这个主轴来进行，始终坚持将光明新区打造成为深圳第一个以"绿色"作为核心要素来驱动的功能区的重要理念。

　　再次，新区坚持以人为本的理念，将新区广大人民群众的利益作为一切工作的出发点和落脚点，着力于顶层设计，打造出符合新区实际的"织网工程"，多维度、有针对性地解决新区民生问题，同时不断完善社区服务体系，夯实社会建设地基，创新社区服务方式，提升社区服务水平。在群众最关心、最直接、最现实的利益问题上，新区全面落实各项惠民政策，取得了良好的效果。

最后，新区坚持以改革创新的精神推荐党建工作，将党建工作作为一项战略性的基础性工程，充分发挥基层党组织"战斗堡垒"的作用，打造区域化党建新格局，打造了具有光明特色的基层党建"织网工程"，并率先制订全市首个基层党建规划，有力地推动了光明基层党建各项工作的顺利开展，在党员干部教育培训，廉政建设等方面都取得了一系列创新和成效。

总的说来，新区自成立以来，始终坚持创新导向，全面推进新区各项事业发展；始终坚持生态优先理念，将生态文明建设融入各项事业的全过程；始终坚持服务型政府的改革方向，以人为本，解放市场活力，为率先全面建成小康社会奠定了坚实的基础。

创业艰难，筚路蓝缕，"雄关漫道真如铁，而今迈步从头越"。面向未来，新区各级党员干部要充分总结历史经验教训，紧紧围绕新区实际情况，贯彻落实中央、省市的一系列战略部署，继续承担好经济特区事业中的排头兵、尖兵、试验田的历史使命，深入贯彻习近平总书记重要讲话精神，全面理解并落实"四个全面"、"三严三实"精神实质和具体要求，提升凝聚力和战斗力，在光明新区的历史新篇章上书写出辉煌壮丽的不朽经典！

目　录

第一章

绿色光明的创新之旅

第一节　光明新区发展的总体概况

2007 年 8 月 19 日，是深圳改革史上不可遗忘的一天。这一天，以改革和创新为灵魂的深圳在临近而立之年，再次向新的目标起航，作为深圳综合配套改革的"先锋"，肩负着市委市政府的重托，承载着光明百万群众的梦想，深圳市第一个新区——光明新区正式挂牌运作。

光明新区位于深圳市西北部，与宝安区相连，北通东莞市，总面积 156.1 平方公里，总人口约 80 万，其中户籍人口 5 万，下辖光明和公明两个街道，光明街道是深圳市归侨侨眷最集中的地区。

光明新区青山环绕，绿地覆盖率占土地总面积的 53%，区内水域广阔，气候温和，年均气温 23℃。光明新区土地资源相对丰富，拥有深圳全市最大的可连片开发区域。辖区拥有万亩荔枝林、农科大观园、高尔夫球场等生态旅游景区。"光明乳鸽"、"甜玉米"、"牛初乳"被誉为"光明三宝"。

光明新区作为广深港"城市走廊"上的重要节点，是深圳连接珠三角城市群的重要门户之一。境内南光、龙大两条高速与机荷高速、梅观高速、广深高速相连；规划建设中的轨道交通 6 号线纵贯新区，广深港客运专线在新区设立光明客运站。新区与香港、广州、福田中心区、蛇口港、宝安国际机场等都处于"30 分钟交通圈"内。

作为特区新一轮改革和创新的产物，它是深圳加快国际化城市建设、探索城区发展新模式、完善城市发展布局的重大战略举措。

光明新区按照开发区的机构设置，全面行使区一级政府的经济发展、城市建设、社会建设管理等各项职能，在"先试先行"的改革精神指引下，既注重顶层设计，又注重路径探索，新区成立以来硕果累累。这些年，光明新区始终坚持以正确的理念为统领，艰苦创业，创新进取，走出了一条科学发展、转型发展、高速发展的绿色"光明之路"！

第二节　光明新区发展的谋篇布局

新区该以什么样的方式实现跨越式的发展？该以什么样的眼光与世界接轨？该以什么样的路径实现自身的绿色创新？该以什么样的谋篇开局引领未来的发展之旅？等等，一连串的叩问如悬挂在新区的设计者与践行者们头顶上的"达摩克利斯"之剑，它告诉每一个新区的建设者，我们的每一步都有风险、我们的每一步都在创新，我们每时每刻都不能怠慢，我们必须以与时俱进的眼光、以超越前人的前瞻思维、以统领全局的壮士气魄，在光明这片沃土上走出一条绿色创新的康庄大道来。

正所谓"他山之石，可以攻玉"，新区的主政者从建区伊始就在全世界范围内寻找答案、探索路径。

未来城市应该会是一个什么样的发展形态？它可持续的动力在哪里？这是任何一个现代城市发展与设计者都必须面临的重要课题。进入 21 世纪以来，随着人类的不断发展、社会的不断进步，人们对城市的发展有了更多规律性的认知，一个熟知的概念不断进入人们的视野——"生态城市"。

"生态城市"这个概念是在 20 世纪 70 年代联合国教科文组织发起的"人与生物圈"（MAB）研究计划中被首次提出。自 20 世纪 80 年代以来，国内外不少学者对"生态城市"的内涵提出了不同的看法，总结目前众说纷纭的各种定义，对"生态城市"的理解主要包括环境说、理想说和系统说三种说法。

以美国学者雷吉斯特 1984 年提出的建设生态城市的原则，将生态城市进行简单化理解，强调城市生态保护、居民生活、交通、物种多样性等单项要素的良性发展。[①] 在"生态城市"概念出现之初，这种观点居于主要地位。目前则主要存在于实际工作部门，其可操作性和现实性较强，[②] 我国许多城市提出的"生态城市"建设目标也主要是从环境的角度来定义这一概念。但无法体现人与人、人与环境之间的协调关系，存在片面性和局限性。

以苏联生态学家扬诺斯基为代表的一批学者主张理想说，将"生态城市"完美化和理想化理解，认为生态城市是技术与自然充分融合、人的创造力和生产力得到最大限度发挥、居民的身心健康和环境质量得到最大限度保护的一种人类理想地。这一学说，可以看作生态城市的最终实现形式，将其作为一种学术观点探讨，但目前的现实可操作性较差。[③]

以马世俊、王如松、黄光宇等学者为代表，20 世纪 90 年代以来对生态城市的定义进行完善，认为生态城市是自然和谐、社会公平和经济高效的复合生态系统，强调三者的互惠共生和相互协调。这种观点既立足现实，又兼顾了城市的各种生态要素及其相互间的关系，因此已被大多数人接受，是目前生态城市进行理论研究的主要依据和立足点。

基于不同学者对生态城市内涵的理解，本书研究认为，绿色生态城市是城市社会、经济、文化、自然生态发展到一定阶段的必然，是社会和谐、经济高效、生态良性循环的人类居住形式。它是一个"社会—经济—自然"的复合系统；既能保证经济持续增长，更有合理的产业结构、能源结构和生产布局，保证经济增长质量；从自然环境获取的资源不能超过环境再生能力，自然资源的再生能力要大于经济发展对资源的需求，以实现经济、社会发展的永久性和持续性。

---

① 赵清、张珞平、陈宗团、崔胜辉：《生态城市理论研究述评》，《生态经济》2007 年第 5 期。

② 虞震：《生态城市：理想的人类栖境》，《社会观察》2003 年第 3 期。

③ 赵清、张珞平、陈宗团、崔胜辉：《生态城市理论研究述评》，《生态经济》2007 年第 5 期。

城镇化与绿色生态城市建设是密不可分、协同共进的。城镇化是社会生产力提升的过程，具有重要的社会经济效应。城镇化是发展的必然趋势和过程，城镇化进程的推进，将为环境基础设施建设提供资金和技术支持，是生态城市建设最强大、最直接的推动力和支撑力。绿色生态城市是一种人类城市的发展模式，是在现代社会发展遭遇生态失衡困境的背景下，出现的一种新型城市发展理念。绿色生态城市建设的过程也是城镇化的过程，对于城市而言，走生态化发展道路是解决快速城镇化进程中各种问题的最佳途径，是实现城市可持续发展，走出"城市病"困境的必然选择。

一 国外经典案例

绿色生态城市理论是伴随着城市生态学理论研究的发展而产生、发展的。大体上来说，国外生态城市的形成和发展主要经历了以下三个阶段。

萌芽阶段：20 世纪以前。早在古希腊和古埃及时期，对于城市的建设，就主张从城市的环境因素来考虑其选址、形态和布局。至16 世纪欧洲文艺复兴时期，人文主义的先驱英国人托马斯·摩尔设想的理想城市"乌托邦"，17 世纪初意大利思想家康柏内拉提出的"太阳城"模式，1898 年英国人霍华德建立的"田园城市"等都反映出建设者追求人与自然和谐的朴素的生态学思想，对现代城市生态和城市规划思想起到了重要的启蒙作用。其中，霍华德建立的"田园城市"理论被认为是现代生态城市思想的起源。[①]

形成阶段：大约在 20 世纪 80 年代以前。20 世纪初，国外一批学者将生态学思想运用到城市问题开始的城市生态学研究，奠定了生态城市理论研究的基础。1945 年芝加哥人类生态学派以城市为研究对象，倡导创建了城市生态学。1952 年，该学派创始人 R. E. Park 出版的《城市与人类生态学》一书运用生物群落的观点研究城市环境，进一步完善了城市与人类生态学研究的思想体系。[②] 1971 年联

---

① 黄肇义、杨东援：《国内外生态城市理论研究综述》，《城市规划》2001 年第 25 卷第 1 期。

② 黄光宇、陈勇：《生态城市理论与规划设计方法》，科学出版社 2002 年版。

合国教科文组织制订的"人与生物圈"（MAB）研究计划开展了城市与人类生态的研究课题，1975 年该研究计划出版了《城市生态学》杂志（*The Urban Ecology*）。① 该组织在伯克利参与了一系列生态建设活动，产生了国际性影响。1977 年，B. J. L. Berry 发表了《当代城市生态学》，奠定了城市因子生态学研究基础。到 1977 年城市生态学理论的框架已基本形成。

发展阶段：大约从 20 世纪 80 年代到现在。随着城市生态学的迅猛发展，生态城市的概念和理论研究随之高涨，众多学者分别从不同角度研究生态城市的建设原则、内涵、主要特征、具体目标、指标体系及规划思路和步骤等。1996 年，雷吉斯特领导的"城市生态组织"完善了生态城市建设的基本原则，指出生态城市建设包括修改交通建设的优先权；修改土地利用开发的优先权；修复被破坏的城市自然环境；建设体面的、低价的、安全的、方便的、适于多民族的混合居住区；培养社会公正性等。② 此后，有关生态城市、生态产业、环境保护、生态规划与设计方法的研究达到新的高潮。1990 年在美国加利福尼亚州伯克利城召开了第一届生态城市国际会议，与会的学者分别就绿色生态城市建设的理论与实践进行了深入探讨，明确提出了基于生态原则重构城市的目标。之后，分别在澳大利亚阿德莱德、塞内加尔约夫、巴西库里蒂巴、中国深圳召开了四届生态城市国际会议。一系列的世界性生态城市会议，丰富和完善了生态城市的理论研究，推动了生态城市研究的深入。

与此同时，国外许多城市开始了生态城市建设的实践，并取得了很大的进展，积累了丰富的经验。

案例一：巴西库里蒂巴的生态城市建设③

库里蒂巴位于巴西南部，是巴西第 7 大城市，被联合国命名为"巴西生态之都"、"城市生态规划样板"。该市因公交导向式的交通系统革新与垃圾循环回收项目等生态城市建设项目而广受关注。库里蒂巴建设新的图书馆、开展各种实用技能培训、加强公园和绿地

---

① 沈清基：《城市生态与城市环境》，同济大学出版社 1998 年版，第 52—55 页。
② 杨荣金：《生态城市建设与规划》，经济日报出版社 2007 年版。
③ 王爱兰：《生态城市建设模式的国际比较与借鉴》，《城市问题》2008 年第 6 期。

建设，积极推广各种社会公益项目。其中，1988 年实行的"垃圾不是废物"的垃圾回收项目，将回收材料出售给当地工业部门，所获利润用于其他社会福利，使得该市的垃圾循环回收在城市达到95%。同时，库里蒂巴区域内，采用土地引用与交通相结合的方式，鼓励混合土地利用开发，总体规划以城市公交线路所在的道路为中心，对所有的土地利用和开发密度进行分区。沿着 5 条交通轴线进行高密度线状开发，改造内城；增加公园面积和改进公共交通。目前，城市三分之二的市民主动使用公共汽车，公共汽车服务无须财政补贴，每年减少的小汽车出行达到 2700 万次。①

案例二：丹麦哥本哈根的生态城市建设②

哥本哈根生态城市建设项目是丹麦第一个生态城市建设项目。哥本哈根建立绿色账户，记录一个城市、一个学校或者一个家庭日常活动的资源消费，为科学比较不同城区的资源消费结构、确定主要的资源消费和提高资源循环利用率提供翔实数据。在学生课程中加入生态课，对学生和学生家长进行与城市建设项目有关的培训，吸引大众对生态城市建设的关注和参与，提高市民的生态建设意识，取得了相当大的环境效益。

案例三：日本九州的生态城市建设

日本九州从 20 世纪 90 年代开始以减少垃圾、实现循环型社会为主要内容的生态城市建设，提出了"从某种产业产生的废弃物为别的产业所利用，地区整体的废弃物排放为零"的生态城市建设构想。九州特别注重环境产业的规划，建设了家电、废玻璃、废塑料等回收再利用的综合环境产业区；注重对环境新技术的开发；注重发挥社会的综合开发效益，建立以培养环境政策、环境技术人才为中心的教育基地；注重开展各种层次的宣传活动，例如，组织开展的汽车"无空转活动"，家庭自发的"家庭记账本"活动，将家庭生活费用与二氧化硫的消减联系起来；等等。

---

① 艾书琴：《国外生态城市建设经验及其对我国的启示》，《鄱阳湖学刊》2012 年第 5 期。

② 王飞儿：《生态城市理论及其可持续发展研究》，博士学位论文，浙江大学，2004 年。

案例四：澳大利亚怀阿拉的生态城市建设①

怀阿拉位于澳大利亚的南澳大利亚州沙漠附近。1997年，怀阿拉市政府通过了决议，批准把目前的所有环境计划融合到一起实施。怀阿拉的生态城市项目充分融合了可持续发展的各种技术，包括城市设计原则、建筑技术、设计要素和材料、传统的能源保护和能源替代、可持续的水资源使用和污水的再使用等。

案例五：新加坡的生态城市建设

新加坡是世界瞩目的"花园城市"，其先进的城市发展理念受到了世界的瞩目。为了确保在城市化进程飞速发展的条件下仍拥有绿色和清洁的环境，新加坡在城市规划中，专门有一章"绿色和蓝色规划"，对城市绿色发展进行了明确规划。主要做法有：建设更多的公园和开放空间；将各主要公园用绿色廊道相连；重视保护自然环境；充分利用海岸线并使岛内的水系适合休闲的需求；充分利用水体和绿地提高新加坡人的生活质量。②

二　国内经典案例

我国绿色生态城市理论的研究起步较晚，正式起步于20世纪70年代。1972年中国参加了MAB计划的国际协调理事会并当选为理事国；1978年建立了中国MAB研究委员会；1979年，中国生态学会成立。20世纪80年代，我国开始绿色生态城市的系统研究。1984年，中国生态学会举行"首届全国城市生态科学研讨会"，探讨了以生态城市为研究对象的城市生态学的目的、任务、研究内容和方法，并成立了我国第一个以城市地区生态学为主要研究目标和对象的学术组织——中国生态学会城市生态学专业委员会，它是我国出现的第一个以城市生态研究为主要目的组织，标志着中国城市生态研究工作的开始。1987年10月在北京召开了"城市及城郊生态研究及其在城市规划、发展中的应用"国际学术讨论会，标志着

---

① 艾书琴：《国外生态城市建设经验及其对我国的启示》，《鄱阳湖学刊》2012年第5期。

② 白伟岚：《新加坡：精心规划成就"花园城市"》，《中国建设信息》2004年第3期。

我国城市生态学研究进入蓬勃发展时期。1988 年我国第一本关于城市生态与环境的专业刊物《城市环境与城市生态》创刊。1986 年 6 月及 1997 年 12 月，在天津和深圳分别举行了两次全国城市生态研讨会，讨论了如何加强城市生态理论研究及其在城市规划、建设管理中的实际应用以及城市生态系统和生态影响、分析及评价等问题。[①] 1999 年 8 月昆明全国城市生态学术讨论会总结了近年来我国城市生态理论和应用研究的进展，提出了城市复合生态系统研究框架。[②]

此外，国内一些学者对生态城市理论和实践进行许多积极的探讨，从生态学角度相继提出了中国城市的构想。一方面，对生态城市概念内涵进行了深入研究。1981 年，著名生态学家马世骏发表了《社会—经济—自然复合生态系统》，明确指出城市是典型的社会—经济—自然复合生态系统，并展开了深入的理论研究和生态城市建设实践。[③] 沈清基认为，生态城市强调社会、经济、自然协调发展和整体生态化，即实现人和自然的和谐发展，生态良性循环的城市。[④] 黄光宇认为生态城市是根据生态学原理，综合研究社会、经济、自然复合生态系统，并应用生态工程、社会工程、系统工程等现代科学与技术手段而建设的社会、经济、自然可持续发展，居民满意、经济高效、生态良性循环的人类居住区。[⑤] 黄肇义和杨东援认为，生态城市是基于生态学原理建立的自然和谐、社会公平和经济高效的复合系统，更是具有自身人文特色的自然与人工协调、人与人之间和谐的人居环境。[⑥] 另一方面，采取案例分析中国生态城市建设，出现了一批具有代表性的论文。如《我国生态城市建设的现状、问题

---

① 孙炜炜：《生态城市规划设计研究纲要》，硕士学位论文，浙江大学，2001 年。

② 鲁敏、张月华、胡彦成：《城市生态学与城市生态环境研究进展》，《沈阳农业大学学报》2002 年第 33 卷第 1 期，第 76—81 页。

③ 马世骏：《社会—经济—自然复合生态系统》，《生态学报》1984 年第 1 期。

④ 沈清基：《城市生态与城市环境》，同济大学出版社 1998 年版，第 52—55 页。

⑤ 黄光宇：《中国生态城市规划与建设进展》，《城市环境与城市生态》2001 年第 14 卷第 3 期，第 6—8 页。

⑥ 黄肇义、杨东援：《国内外生态城市理论研究综述》，《城市规划》2001 年第 25 卷第 1 期，第 59—66 页。

及路径选择——以山东省泰安市为例》、《青岛市城阳区生态城市建设研究》、《浅谈生态城市的规划与建设——以无锡太湖新城为例》、《天津生态城市建设实施现状及对策研究》，等等，都推动了我国生态城市建设研究的深入。

与此同时，我国主要城市已经把绿色低碳生态发展作为城市建设的主要方向，绿色生态城市试点建设工作积极推进。1988 年江西省宜春市首先开始建设生态城市试点工作，1999 年海南率先获得批准建设生态省，2001 年吉林和黑龙江相继获得批准，陕西、福建、山东、四川也先后提出建设生态省。截止到 2012 年 7 月，97.6% 地级（含）以上城市和 80% 的县级城市提出以"生态城市"或"低碳城市"等生态型的发展模式为城市发展目标，全国已有 100 多个新建生态城项目，我国也成为世界上生态城建设数量最多、建设规模最大、发展速度最快的国家之一。目前，我国的生态新城大多集中分布在国家重点发展的国家级经济区、新区。如辽宁沿海经济带、京津冀都市圈、天津滨海新区、山东黄海三角洲高效生态经济区、河南中原经济区、长江三角洲经济区、成渝经济区、两江新区、武汉城市圈、长株潭城市圈、珠江三角经济区、浦东新区等地区。

现在以天津中新生态城、唐山曹妃甸生态城等为代表简要介绍一下我国生态城市试点建设情况。

案例一：天津中新生态城建设

天津中新生态城是我国与新加坡合作开发建设的生态城市，坐落在天津滨海新区，规划面积 30 平方公里，规划常住人口控制在 35 万人以内。规划区域内现状三分之一是废弃盐田，三分之一是盐碱荒地，三分之一是有污染的水面，土地盐渍化严重。在这样一个资源约束条件下建设生态城，符合中新两国政府确定的不占耕地、在水资源短缺地区选址的原则。

天津中新生态城积极打造由湖水、河流、湿地、水系、绿地构成的复合生态系统。生态城城内的用水全部为海水淡化或再生水，所有污水由污水处理厂处理后达标排放。建立城市直饮水系统，打开水龙头就能饮用。中水回用、雨水收集、海水淡化所占的比例超过使用比例的 50%。区域推广使用地热、太阳能、风能等可再生能源，清洁能源使用比例为100%，可再生能源利用率达到20%。实施废弃物分类收集、综合处理和回收利用，生活垃圾无害处理率达到100%，垃圾回收利用率达到60%。发展轨道交通、清洁能源公交、慢行体系相结合的绿色交通系统，绿色出行比例达到90%。[①]

案例二：唐山曹妃甸生态城建设

　　唐山曹妃甸生态城位于唐山市南部沿海，处于环渤海经济圈核心位置，近期规划建设用地80平方公里。从规划到实施，曹妃甸生态城的快速发展都是一个创新性的试验样本。生态城的规划在生态城市指标体系、城市布局、城市绿色交通、城市能源系统和城市市政基础设施方面，突破了国内现行的许多设计规范。生态城建设上学习借鉴瑞典可持续发展理念和技术，科学制定了141项指标体系，构建了水利用及处理、垃圾处理及利用、新能源开发及利用、交通保障、信息系统、绿色生态、共用设施、城市景观、绿色建筑等9个方面的技术体系。这些实践和探索都对中国生态城市的建设具有重要的指导意义。

三　新区的创新布局

　　从光明新区发展的历程来看，新区发展主要经历了改革开放后到1993年、1993年到2007年、2007年到现在的三个阶段。在第一个阶段，当时的光明镇和公明镇是以农场、农村为形态的发展"洼地"，没有规划提升发展价值、指导开发建设。

　　1993年宝安、龙岗两区成立，光明镇和公明镇迎来新的发展机遇，工业化、城市化开始起步。1996年组织编制的深圳市总体规划，第一次明确了光明、公明是原特区外独立城镇的发展定位，通过集约利用土地，逐步实现村镇集中建设。2002年，原深圳市规划国土资源局组织编制了深圳的卫星新城发展规划。该规划设想在原经济特区外设置8个功能组团，每个组团内设置一个卫星新城，功能组团是"鸡蛋"，卫星新城就是"蛋黄"。考虑到与东莞松山湖的规划定位关系，规划提出将光明镇和公明镇合在一起，依托光明老

[①]　http://www.eco-city.gov.cn/.

中心和光明高新区，打造光明新城，作为承接深圳经济特区辐射的功能区，也成为深圳西部重要的规划战略节点地区。在 2004 年编制的《全市八大分区组团规划》和 2005 年完成的《深圳 2030 城市发展策略》中，都进一步明确了西部高新组团的战略地位。随后，在 2007 年开始组织编制的深圳新一轮城市总体规划中，进一步确定了光明新城作为城市副中心的战略定位，重点发展高新技术产业及其配套服务功能。

可以说，光明新区的规划定位是整个深圳市规划布局和规划发展的结果（见图 1—1），更是市委市政府从城市发展的高度做出的战略部署。随着规划定位的明晰，2007 年底，伴随着全市行政体制改革，光明新区作为全市第一个新型功能区成立。

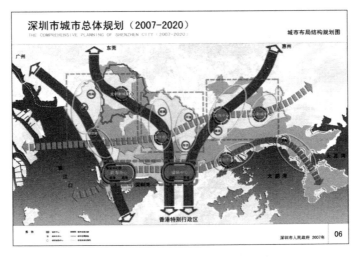

图 1—1　深圳市城市总体规划（2007—2020）空间结构图

2007 年，光明新区成立标志着一个跨越发展新阶段的来临。在全市一体化发展框架下，光明新区工业化、城市化和现代化三条线齐头并进，新区建设不断实现新突破，迈上新台阶。

在新区确定的"绿色城市"建设发展思路的要求下，规划国土部门启动了《光明新区规划》的编制工作，随后又开展了一系列规

划的研究，目前已经基本形成了以《光明新区规划》为基础，以法
定图则为主干，重点片区发展单元、城市设计、各专项规划相匹配，
以"一张图"及行动规划为特色的结构科学、布局完善的规划体系
（见图1—2），基本实现了规划从宏观指引到精细控制的管理架构。

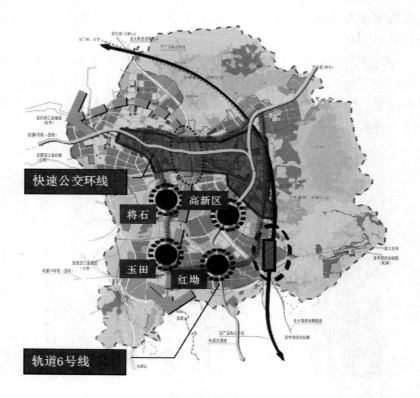

图1—2　光明新区规划空间结构图

同样，根据国家发改委《关于印发珠江三角洲地区改革发展规
划纲要（2008—2020年）的通知》（发改地区〔2009〕29号），中
共广东省委办公厅、广东省人民政府办公厅印发《关于落实〈珠江
三角洲地区改革发展规划纲要（2008—2020年）〉的工作意见》的
通知（粤委办发电〔2009〕15号）及市发改局《关于加紧落实
〈珠江三角洲地区改革发展规划纲要（2008—2020年）〉的通知》

（深发改〔2009〕170号）的要求，新区管委会从成立伊始就组织各部门认真学习讨论，吃透《纲要》的主要内涵，结合新区实际情况，先后制定和颁布了《光明新区五年发展规划》、《光明新区绿色建设指标体系1+6》、《光明新区党建五年规划》、《光明新区发展社区经济实施意见》、《光明新区社会建设五年计划》、《光明新区改革创新三年规划》等实施意见与之配套，进行了大胆的创新：

一是始终抓住"科学发展、先行先试"这个核心。新区以光明新城建设为突破口和带动点，实施"新型工业化、新型城市化"两轮驱动，探索城区发展新模式，建设"绿色新城、创业新城、和谐新城"。

二是把抓好当前各项工作政策配套作为落实《纲要》的重要基础。只有克服当前面临的困难，保持经济平稳较快发展，才能为落实《纲要》提出的其他任务提供坚实的物质基础，为《纲要》的全面实施创造良好环境，坚定科学发展的信心。

三是用足、用活《纲要》及相关政策的各项措施。发挥其主观能动性和工作创造性的同时，用好、用足政策，把潜在的政策效能变成现实的发展成果。

结合《纲要》精神，新区管委会在发展目标上也做了大胆且前瞻性的定位。

一是着力发展高新技术产业，推进产业高端化发展。全力推进产业转型、升级和竞争力提高。突出发展增加值比较高的高新技术产业和制造业的高端环节，壮大提升传统特色制造业，加快发展高端服务产业，推进跨越式科学发展目标的实现。

二是推进功能分区，促进区域合理布局。根据光明新区资源环境状况，通过科学规划、合理利用政府调控手段，并充分发挥市场配置资源的基础性作用，使光明新区逐步形成一个空间结构合理、产业分工明确、经济实力明显提高、经济社会发展与资源环境相协调的现代化地区，构建"一轴、一环、一门户"、"两心、四点、八片"的区域空间格局。

三是加强生态文明建设，建设绿色新城。按照循环经济理念，加强环境基础设施建设，高标准、高质量地建设垃圾处理、污水处理和中水回用系统等设施。加强对环境的监管力度，把资源综合利用和环境保护结合起来，打造生态文明新区。

四是加强基础设施建设，打造宜居宜业新城。着眼全局，统筹规划，实行基础设施先行、优先打造高品质环境的战略。多渠道筹措资金，加大投入力度，集中力量搞好公共交通、供水、供电、供气、通信、网络等事关光明新区发展全局的基础性、公益性工程建设，为吸引高端产业项目和高素质人才提供良好载体。

五是营造有利环境，积聚和培养高素质人才。营造动心的政策环境、放心的法制环境、顺心的体制环境、舒心的生活工作环境和令人倾心的人文环境，吸引和凝聚高素质人才。加大人力资源开发力度，提高居民整体素质；规范人才市场体系，强化人才市场功能。

六是统筹发展各项社会事业，着力建设和谐光明新区。通过产业转型升级，实现人口结构优化和总量控制。加大教育投入，完善教学条件，促进教育公平，提高教育质量。积极发展医疗卫生事业，合理分配卫生资源，为居民提供基本医疗卫生服务。完善社会保障体系，保障外来人口和弱势群体享受均等的基本公共服务。

七是深化行政体制改革与创新，建设高效率服务型政府。借鉴国内外成功经验，结合光明新区实际，按照决策、执行和监督相分离原则，推进光明新区行政体制改革和创新，健全行政职责体系，整合行政资源，形成权责一致、分工合理、决策科学、执行顺畅、监督有力的行政管理体制，提高行政管理效率和公共服务水平。

第三节 光明新区发展的核心思路

以"绿色低碳"发展理念指导、贯穿光明新区开发建设，是落实科学发展观、加快发展方式转变、建设"生态文明"的必然选择。光明新区位于深圳西北部，2007年8月19日成立，面积156平方公里，人口近100万，是在一个底子薄、条件比较差的华侨农场基础上建立的，属深圳发展最落后的区域。作为深圳体制机制创新、发展模式转变等全方位改革的一次积极探索，市委、市政府要求光明新区在转变发展方式、实现科学发展方面走出一条新路，建设深圳新的区域发展极。

正确选择发展模式，不仅是完成深圳市委、市政府赋予的历史重任的关键，也是实现光明新区可持续发展、建设生态文明的核心所在。当前社会，绿色发展、低碳发展正引导人类进入一个崭新的生态文明时代，国家"十二五"规划纲要提出，要把建设资源节约型、环境友好型社会，作为加快转变发展方式的重要着力点。光明新区如果走传统发展道路，没有前途，最多只是其他地区发展的简单复制。坚持绿色低碳、建设"绿色光明"，成为新区的首要选项，更是贯彻落实科学发展观这一"主题"，加快发展方式转变这一"主线"、实现绿色发展的不二选择。

光明新区从一开始就将绿色与创新作为自己的"主轴"，因此未来光明这座绿色新城必须具备它应有的城市气质。

一 坚持城市发展的绿色特征

1. 优良的生态环境和高质量的居民生活

新城首先是感观上的"绿色"。较少的资源消耗和污染物排放、较高的绿地率、优良的空气质量、合乎标准的各类地表水和饮用水等是新城的基本要求。同时，"绿色"必须为城市居民服务，城市居民享受"绿色"带来的各种便利，能够安居乐业、具有稳定的收入来源并享受高品质的生活，是新城的必备特征。

2. 较高的经济发展水平和稳定的经济增长

较高的经济发展水平，既是建设绿色新城必需的物质基础，又是城市居民享有高品质生活的必然要求。经济发展是一个持续的过程。城市经济发展到一定水平、达到一定标准之后，还必须保持稳定的经济增长。经济衰退或者数量和规模上的急剧扩张，都不利于保持新城的持续繁荣和稳定。

3. 紧凑型的城市设计和有机的城市布局

从当代城市建设和发展的趋势来看，多数欧洲国家的城市都非常重视对有限城市空间的有效利用，实行紧凑型的城市设计和综合的城市布局。即使是国土辽阔的美国，三分之二的州选择"精明增长"。波特兰市率先"精明增长",结果,人口增长一半,土地面积仅增长2%,成为美国最具吸引力的城市之一。在中国,人多地少矛盾日益突出、土地资源日趋紧张,决定了紧凑型的城市设计和有机的城市布局,这是多数城市的必然选择。

4. 完善的基础设施和相对独立的城市功能

城市基础设施的完善程度,决定着整个城市的基本面貌和城市运转的效率。完善的基础设施,是经济稳定增长、生态环境质量不断改善的基础,也是为城市居民生活提供最大便利的必然要求。相对独立的城市功能指的是,新城必须是一个综合性的城市地域单元,区别于单纯的产业园区和早期的新城建设中的单一功能卫星城的发展模式(如卧城)。新城既要为居民提供良好的居住、生活和休闲场所,也要为居民提供足够的就业机会。

5. 较高的人口素质和发达的科教文卫体系

新型城镇化最终是要实现以人口为核心的城镇化。较高的人口素质、较完善的科教培训、一流的文体医疗设施和丰富的文化氛围,是新城的重要特征,也是城市产业升级和城市品位提升的重要支撑。

6. 鲜明的文化特征和强烈的归属感

新城还必须具有鲜明的地域特色和独有的文化特质,这涉及城市文化、城市精神、城市形象塑造和发展问题。稳定的经济增长、高品质的居民生活、良好的生态环境、独特的文化特征以及和睦的邻里关系,必然增强居民对城市的认同感、归属感。

二　坚持创新发展的绿色内涵

作为深圳重点战略发展区域,光明新区承担着探索城区发展新模式、打造新时期重要经济增长极的历史重任。新区党工委、管委会始终坚持把新区在创新过程中不断挖掘自己的绿色内涵作为头等大事来抓,成立之初就专门组团赴上海浦东新区、天津滨海新区、苏州工业园区和新加坡、阿联酋迪拜等国内外先进城市考察学习,博采众长,大胆谋划,形成了"一城两轮"发展战略、"五高"发展目标、"四先四后"开发建设时序和"四个创新"发展举措。

"一城两轮"发展战略:就是以"现代化绿色新城"为统揽,

实施新型城市化、新型工业化"双轮驱动"，即新型城市化之轮——建设光明新城，新型工业化之轮——建设高新园区。

结合市委、市政府成立光明新区的战略意图，对传统的发展模式进行逆向思考，打破传统的工业化带动城市化的模式，形成以城市化引领工业化，以工业化促进城市化的良性循环格局，走出一条不同于传统工业区开发拉动新城建设的新路。

"现代化绿色新城"，涵盖绿色产业、绿色建筑、绿色空间、绿色交通、绿色社区、绿色生态系统、绿色城市形象等七大方面。新区要通过光明新城建设，完善城市功能，为高新产业的发展提供强有力的支撑，奠定"绿色新城"的坚实基础；通过推进高新园区建设，把园区发展作为拉动新区大发展的超级引擎，并以此加快新区的城市化进程。

"五高"发展目标：即高品质环境，打造既具繁华都市功能，又有田园牧歌、乡村情趣的生态家园；高科技项目，打造生态产业链，抢占产业发展制高点；高档次设施，高起点、高标准规划建设公共服务设施，树立特区新标杆；高素质人口，通过高品质环境和产业高端化，促进人才的高级化；高水平服务，建立运转协调、廉洁高效的新体制新机制。

"四先四后"开发时序：即先规划后建设，坚持科学规划先导，高起点编制光明新区规划，实施整体开发，确保开发一片、建成一片，投产一片、成效一片；先地下后地上，在深圳率先实施城市地下管网"共同沟"工程，将电力、通信、给排水等各种市政管线敷设在"共同沟"内，避免出现因市政管线铺设导致道路重复开挖的弊病，确保地下管网几十年不落伍；先配套后开发，坚持基础设施先行，通过道路建设拉开城市建设的框架，合理调整生产区、生活区、休闲区等各类功能区域；先绿化后发展，光明新区是国家建设部确定的全国首个绿色建筑示范区，也是深圳建设"绿色之都"的试点城区，将凭借独有的生态优势，以绿色产业、绿色建筑等"七大绿色"为主题，全面推进"绿色新城"建设，提升整体环境品质。

"四个创新"发展举措：一是创新规划理念。坚持规划先行，整体规划，分期开发。坚持"功能分区、动静分离"，合理规划空间布局；坚持"七通不平、道路先行"，尽量不破坏地形地貌和生态植被；坚持"公交优先、步行优先，客货分流、人车分离"，科学布局并率先完善交通网络；坚持严格控制土地，集约利用土地，打造生态城市。

二是创新产业模式。坚持产业第一，立足"高、大、新"，以循环经济、自主创新为核心，大力发展新材料、新能源、生物医药等高端产业、新兴产业，突出"增量优选、存量优化"，"调高、调优、调强"产业结构，按照大项目、规模化、集群化的产业发展思路，打造生态产业链，成为深圳新时期重要经济增长极。

三是创新管理体制。按照"重心下移、指挥靠前、属地管理、错位布局"原则，推进管理"扁平化"，实施精细化、网格化和错位管理，努力完善"一次性告知"、"一站式服务"、"一个窗口对外"制度，积极推行服务外包，形成"小政府大社会，小机关大服务"的格局。

四是创新用人机制。实施"精兵"策略，按照"复合型、创新型、奉献型"的用人标准，重点引进和培养有强烈创新意识、创新思维的人才，要求每一个新区干部既能"独当一面"、又能"以一当十"。

经历了几年的发展，光明新区经济社会建设取得了长足的进展，在总结新区发展成就的基础上，"五年再出发"，立足新起点、瞄准新目标，光明新区党工委、管委会提出了"五个光明"的发展思路：

质量光明：就是要按照"深圳质量"的要求，树立质量至上、争创一流、以质取胜的发展理念，充分发挥后发优势，不走"先发展后转型、先低端后提升"的发展路径，以"光明质量"为新标杆，加快转变发展方式，推动新区建设发展不断迈上新台阶。

速度光明：就是要将快速发展、高速增长作为新区发展信心的保证、奋斗的目标。从效率入手，以速度为先，争取新区经济持续保持25%—30%的增速，不断扩大经济规模，壮大经济总量，再创新的辉煌。

园区光明：就是要始终坚持"产业第一"，大力实施园区带动战略，以专业园区为载体，以大项目为龙头，突出产业的科技和文化内涵，大力发展战略性新兴产业和文化产业，加快产业聚集，打造国际一流产业园区，实现"园在城中、城在园中"。

绿色光明：就是要充分依托新区良好的生态条件，以绿色建筑、绿色产业、绿色交通为主要支柱，坚定地走绿色、低碳发展道路，加快打造现代化绿色新城。

幸福光明：就是要坚持以人为本，服务优先，以创新为主要抓手，以社区邻里服务中心为载体，通过"织网工程"等举措，大力加强社会组织、社工、志愿者等方式，不断提高社会管理水平，不断完善社区服务体系，实现治安维稳形势明显好转、外来人口服务水平明显提高，确保社会和谐稳定。

第四节　光明新区发展的创新成就

自新区成立以来，光明新区创新发展、艰苦奋斗、真抓实干，在经济建设、城市建设和社会建设各个方面都取得了显著成绩，从一个经济发展相对滞后的原特区外边缘地区，发展成为园区和产业迅猛发展、城市配套水平大幅提升、综合实力实现根本性跨越的现代化新城区。

2007年到2013年，在市委、市政府的正确领导下，新区党工委、管委会团结带领100万新区人民，艰苦创业，改革创新，锐意进取，在产业发展、新城建设和社会建设等方面敢为人先，开辟了先河、取得了突破，得到了市委、市政府的充分肯定，赢得了辖区群众的广泛认可。

这几年，光明新区始终以正确的理念为统领，科学发展的道路越走越宽广。走一条什么样的发展道路，建设一个怎么样的新光明，是新区成立后我们面对的首要问题。为此，我们以世界一流为标杆，专门组团赴新加坡、香港、上海、苏州等国内外先进城市学习取经，结合光明新区资源禀赋实际，提出了"一城两轮"发展战略、"四先四后"开发建设时序、"五高"发展目标；提出了"园在城中、城在园中，一流城区、一流园区"的园区建设发展思路等。

几年来，光明新区沿着上述发展思路和理念，经济持续快速发展，城市配套加快完善，社会日益和谐稳定，初步走出了一条不同于传统开发区的，富有魅力、充满活力、极具潜力的发展道路。

一　经济发展跨越增长

新区始终坚持产业第一，以建设国际化现代化一流园区为己任，把产业发展和园区建设作为各项工作的核心。光明国际平板显示园区粗具规模，深圳建市以来投资规模最大的产业项目——华星光电正式投产；旭硝子、林德气体、杜邦太阳能、研祥智能、拓日新能源、葛兰素史克等一批行业龙头项目加速聚集；华强文化、腾讯等知名文化企业成功落户，以文化加科技为核心内涵的现代产业体系呈现出蓬勃发展势头。

几年来，新区经济连续保持20%以上的增长，增速在全市各区、各新区位列第一，高出全市平均速度一倍以上。新区GDP在建区之初只有140亿元，2014年底达到600亿元，增长近4倍；固定资产投资、工业总产值、规模以上工业企业数量、税收和企业专利授权量等重要指标顺利实现翻番，新区地区综合实力实现了根本性跨越。

二　城市发展迈新台阶

新区坚持理念先导、规划引领，以"绿色新城"建设为统揽，以两个国家级示范区为平台，坚持基础设施先行、功能配套优先，按照不低于原特区内的标准，快速度、高水平推进新区城市建设，光明大道、华夏路等"九纵八横"的城市路网格局基本形成，彻底结束了光明地区没有市政道路的历史；展览中心、新城公园等一批配套设施在大运会前集中竣工，为新区城市形象添上亮丽的一笔。

几年来，一个个"第一"记录下了光明新区新城建设的点滴——全国第一批绿色建筑示范区，绿色示范区规模效应逐步显现，影响力日益提升；深圳第一条全部使用LED路灯的"绿色道路"，绿色低碳成为新区自觉行为；深圳第一个实施地下"共同管沟"建设的区域；全国已评定和在建绿色建筑最多、最大的绿色建筑示范区；等等。新区的城市面貌、城市发展水平迈上了新台阶。

三 社会建设以人为本

50年的农场历史、15次的体制变革，光明新区成立之初，辖区社会管理基础异常薄弱，社会治安秩序较差，社会矛盾较为突出，两个街道曾被列为全市治安整治和信访维稳重点地区。新区成立后，我们始终高度重视社会建设，明确提出社会建设与经济建设在思想认识上"同位"、工作部署上"同步"、资源保障上"同力"的"三同原则"，立足社会管理服务"两个创新"，探索实行出租屋分类管理模式，全面加强实有人口管理与服务；大力支持社区经济转型发展，加快历史遗留问题解决，积极发展文教卫体等社会事业，强力推动一批事关新区长远发展、事关民计民生的重点项目建设。

第五节 光明新区发展的创新经验

几年来，新区把稳民生福祉的"方向盘"，跑好社会管理服务的"接力赛"，通过实实在在的工作成效，实现了向新区群众做出的承诺，赢得了民心、取得了支持。

一 路径篇

新区发展的经验就是一个不断学习、不断创新、不断发展的宝贵财富，是进一步凝聚新力量加快发展的不竭动力。

回顾新区成立这几年：团结拼搏、艰苦创业，是新区建设顺利推进的坚实基础；先行先试、敢于担当，是新区建设取得突破的关键所在；甘于奉献、勇于创新，是新区建设快速推进的不竭动力！回首过去，有几点非常值得深化和推广：

1. 正确领导

市委市政府专门出台了《关于支持光明新区工作的决定》；王荣书记首次调研新区时明确指出，新区要坚持"科学规划先导，基础设施先行，打造现代化绿色新城"，为新区发展进一步明确了方向；

许勤市长要求光明新区不仅要发展成为深圳区域增长极，更要成为整个珠江口东岸的亮点。这些都是新区建设发展的根本保证，也是对新区工作的最大鼓励和鞭策。

2. 科学规划

新区的快速发展，离不开正确的发展思路和科学的发展目标。建区之初，在广泛调研、深入思考的基础上，新区的建设者们提出了"一城两轮"发展战略、"绿色低碳"发展思路，加快发展高新技术产业，狠抓产业转型升级，强力推进城市基础设施、配套设施建设，全面加强社会建设管理创新、积极改善民计民生，确保了新区按照既定轨道快速度、高质量发展。

3. 奉献精神

新区作为全市第一个功能新区，开全市大规模公开"选调"干部之先河，按照"复合型、创新型、奉献型"的用人标准，在全市范围广纳贤才、精心挑选了一批年富力强的业务骨干，迅速组建了精干高效的干部队伍；在艰苦创业中形成了昂扬向上的朝气、改革创新的锐气、攻坚克难的勇气、领先一步的豪气"四股气"和"创业、创新、创造"三种精神，凝聚了新区跨越发展的强大动力。

4. 团队合作

几年来，100万光明人对光明新区的认同感、归属感不断强化，对新区的前途和未来不断增强信心，在土地整备、基础设施建设、产业发展、社会管理服务创新等重点工作、中心工作中，充分发挥主人翁精神，对新区各单位、各部门的工作给予了无私的支持，形成了强大的合力，这是我们收获的最宝贵财富，也是新区加快发展的坚实基础。

二　经验篇

在绿色新城建设中，光明新区以国家"绿色生态示范城区"、"绿色建筑示范区"、"低冲击开发雨水综合利用示范区"为主要平台，突出规划的源头引导作用，率先开展绿色新城的规划研究工作，先后完成了《深圳市光明新区绿色新城建设纲要和实施方案研究报告》、《光明新区绿色新城建设行动纲领和行动方案》1+6文件等纲领性文件；高起点编制了综合交通、再生水及雨洪利用、生态建设等 40 多个"绿色"专项规划，率先制定了《绿色新城建设指标体系》，确定生态环境友好健康、经济发展高效有序、社会和谐民生改善三大类指标 30 项，并明确提出以绿色建筑、绿色产业、绿色交通为三大主要支柱，涵盖绿色空间、绿色社区、绿色生态系统、绿色城市形象等 7 个方面，全面推进现代化绿色新城建设。光明新区绿色建筑区建设的实践及成效有以下几个方面：

1. 以"六个率先"推进"七个绿色"

光明新区充分发挥政府主导作用，鼓励和引导社会各界参与示范区建设，注重培养低碳意识、绿色生活方式，使绿色成为一种习惯。注重资源共享，由点到线、到面稳步推进低增量成本、平民化绿色建筑。示范区建设工作坚持率先启动编制绿色建筑示范区专利规划，率先在保障性住房推广绿色建筑标准，率先强制政府投资项目及一定规模的社会项目实施绿色建筑标准，率先规模化建设综合管沟，率先建设低冲击开发雨水综合利用示范区等"六个率先"。通过"六个率先"推动示范区建设的"七个绿色"：以绿色建筑为核心和基础，同时涵括绿色空间、绿色生态环境、绿色交通、绿色产业、绿色社区等 7 个方面，以整体区域概念建设示范区，全方位研究探索建立光明新区"绿色新城"的建设标准、行动纲要和指标体系。项目建设实现了"四个百分百"：即实现保障性住房项目、城市更新项目、政府投资项目、启动区内的社会投资项目等 100％实施绿色建筑标准。

2. 以理论研究推动政策制定

通过对国内外绿色建筑的理论借鉴和深入分析，认真进行专项规划和政策制度。一是开展绿色新城理论研究。在研究层面上完成了《深圳市光明新区绿色新城建设纲要和实施方案研究报告》，在操作层面上形成了《光明新区绿色新城建设行动纲领和行动方案》1+6 文件、《光明新区绿色新城建设指标体系》等纲领性文件，加强对实践的指导。二是以专项规划作为示范区建设的实施指南。在《深圳市光明新区再生水及雨洪利用详细规划》等 20 多项专项规划的基础上，编制了全国首个"绿色建筑示范区"专项规划，提出了绿色建筑示范区建设的具体目标、实践路径；三是编制发布相关政策作为示范区建设的准则。制订行动方案和建设标准、指标体系，建立完善相关配套政策；以深圳市政府规章形式，发布了《绿色建筑示范项目建设管理办法》、《绿色建筑设计导则管理办法》两个文件，为绿色新城建设提供了政策依据和强制性措施，解决了政策依据和强制性措施，解决了当前跨部门管理及激励措施不足等问题。

3. 以点带面启动全面大铺开

结合项目的实际，注重突出特色，分类指导，务求实效。一是新建项目强制实施绿色建筑标准。对于"绿色规划"的落实，实行最严格标准，规定所有新增建筑必须经过绿色建筑前置规划审批，建设全过程监督，光明新区作为国家绿色生态示范城区的区域效应、示范效应将进一步强化。二是鼓励和扶持社会投资示范项目。光明新区政策扶持引导，政府投资项目示范引领，推动绿色建筑从绿色建筑示范项目建设到绿色小区，再到绿色城区，由点到线、面逐步推进。三是积极推动既有建筑绿色改造。主要从以下几个方面着手：首先进行建筑现状的普查，全面了解现有民居、厂区、公共建筑布局状况，测定能耗、水耗和其他各项人居指标，并在此基础上提出转绿改造的具体措施和手段。其次加强绿色建筑的宣传，引导居民积极参与建筑的绿色改造。最后制定出台相关的鼓励措施推进改造。四是探索低成本绿色建筑模式。实现了绿色建筑星级标准，打破了人们将绿色建筑等同于高造价建筑的认识误区，充分体现了绿色建筑低成本的示范性、可推广性。

4. 以统筹兼顾推动配套完善

着力完善机制，抓好配套，攻坚克难，强势推进绿色建筑相关市政设施建设。一是建设了深圳市第一个城市综合管沟工程。避免了传统市政配套管理体制下，管线直埋敷设造成的马路频繁被"开膛破肚"和"九龙治水"的现象，节约城市用地，实现集约化建设。二是建设绿道网、绿色慢性系统和完善的交通网络。三是构建绿地系统，改善室外环境。

第二章

光明新区的体制机制创新

进入 21 世纪，国家发展战略必须要与时俱进，正所谓"实践发展永无止境，解放思想永无止境，改革开放永无止境"。"面对新形势新任务，全面建成小康社会，进而建成富强民主文明和谐的社会主义现代化国家、实现中华民族伟大复兴的中国梦，必须在新的历史起点上全面深化改革，不断增强中国特色社会主义道路自信、理论自信、制度自信。"①

党的十八大指出"全面深化改革的总目标是完善和发展中国特色社会主义制度，推进国家治理体系和治理能力现代化"。因此"必须更加注重改革的系统性、整体性、协同性，加快发展社会主义市场经济、民主政治、先进文化、和谐社会、生态文明，让一切劳动、知识、技术、管理、资本的活力竞相迸发，让一切创造社会财富的源泉充分涌流，让发展成果更多更公平惠及全体人民"。光明新区的发展就是要"紧紧围绕使市场在资源配置中起决定性作用深化经济体制改革，加快完善现代市场体系、宏观调控体系、开放型经济体系，加快转变经济发展方式，推动经济更有效率、更加公平、更可持续发展"。

对于光明新区而言，改革的核心问题就是要"处理好政府和市场的关系，使市场在资源配置中起决定性作用和更好发挥政府作用，着力解决市场体系不完善、政府干预过多和监管不到位问题"。"大幅度减少政府对资源的直接配置，推动资源配置依据市场规则、市

---

① 党的十八大报告。

场价格、市场竞争实现效益最大化和效率最优化。""加强和优化公共服务，保障公平竞争，加强市场监管，维护市场秩序，推动可持续发展，促进共同富裕，弥补市场失灵。""紧紧围绕建设美丽中国深化生态文明体制改革"，加快建立具有光明特色的体制机制，不断推动形成人与自然和谐发展现代化建设新格局。

第一节　光明新区历次体制机制改革的发展进程

　　光明办事处前身是始建于 1958 年 1 月的"广东省国营光明农场"，为省属政企合一的国有企业农场。主要由原隶属于宝安的公明、观澜及东莞的黄江新美乡等地 7 个原居民自然村组建而成。

　　1964 年之前，光明农场由广东省华侨事务委员会管理。

　　1965 年至 1974 年期间曾下放给宝安县管理。

　　1977 年，将原隶属于观澜的白花洞村划归光明农场。

　　1978 年 6 月 15 日，广东省华侨农场管理局成立，广东省国营光明农场归属其管理。

　　1979 年 1 月，由于要安置 4540 名越南归难侨，更名为"广东省光明华侨畜牧场"。

　　1983 年，广东省华侨农场管理局改称为广东省华侨农工商联合企业总公司。1985 年 2 月改称为广东省华侨实业总公司，隶属省侨办领导，1986 年 3 月恢复广东省华侨农场管理局的行政机构设置。

　　1988 年 8 月，广东省光明华侨畜牧场下放给深圳市管理，同年 11 月，"广东省光明华侨畜牧场"改为"深圳市光明华侨畜牧场"，并保留"深圳市光明实业总公司"，实行两个牌子，一套人马，行政上归口市农业局管理。

　　1993 年 11 月，经市政府批准，深圳市光明华侨畜牧场内部加挂"深圳市宝安区光明街道办事处"的牌子，实行一套人马，两块牌子的管理模式。

　　总的说来，1999 年之前，光明是"华侨农场"建制，政企不分，实行的是企业办社会的体制。只有解决这一体制上的问题，才能利于企业深化改革和建立现代企业制度，利于政府行使职能和社会事业的发展。

1999 年 3 月，深圳市政府决定理顺光明农场管理体制，彻底实行政企分开，并下发了《印发关于理顺光明华侨畜牧场体制彻底实行政企分开实施方案的通知》（深府〔1999〕49 号）。同年 10 月挂牌成立光明街道党委、办事处。深圳市光明华侨畜牧场归深圳市商贸控股公司管理，光明街道党委是宝安区委的派出机构，光明街道办事处是宝安区政府的派出机构，行使政府的管理职能。市政府深府〔1999〕49 号文件从实行政企分开应遵循的原则、具体措施、步骤和要求等方面都做了明确规定。

在人员编制方面，市政府深府〔1999〕49 号文件明确，由宝安区按工作需要重新核定，报市编办批准。现有在编人员按公务员标准过渡为公务员；不符合公务员标准的人员，由光明农场接收；若公务员人数不足，可优先在光明农场招考，必要时可对外招考。

在此次体制改革过程中，推进了政企、政事、政社分开，减轻了企业负担，强化了政府职能，促进了当地经济的发展。但是，由于政企分设仍不够彻底，在实际运作中政企管理事务仍然出现交叉和重叠现象。主要体现在 10 个方面：一是公安管理体制与《户口登记条例》不符；二是居民委员会无法有效地完成法律规定的任务；三是民政事务无法管理；四是归侨的权益没有按照法律的规定得到应有的保护；五是政府扶持落后地区发展的有效政策措施无法实施；六是城市管理与《深圳市城市卫生管理条例》不符；七是社会资源仍由企业掌握，政企体制事实未分；八是招商引资工作难以实施；九是行政区域高度重叠，权责不清，行政责任无法界定；十是政府负担沉重。

2006 年 6 月，针对 1999 年光明管理体制改革，实行政企分设出现的一些问题，深圳市政府做出了进一步理顺光明地区管理体制的决定，撤销"光明农场"建制，将"深圳市光明华侨农场（集团）公司"更名为"深圳市光明集团有限公司"，下放给宝安区作为区属国有企业。改制后的光明集团有限公司不再承担社会管理职能，原承担的归侨侨眷安置、居民再就业、安居工程、同富裕工程、市政设施建设等交给宝安区政府承担。

2007年5月31日，深圳市委市政府决定成立光明新区，管理宝安区光明、公明两个街道。经过两个多月的紧张筹备，8月19日，光明新区正式挂牌运作。11月2日，深圳市编委批准在原宝安区光明、公明街道办分别加挂光明新区光明办事处、公明办事处牌子，作为新区管委会的派出机构。由此，光明地区发展掀开了崭新的一页。

第二节　走一条未来发展的体制机制创新之路

"要走一条什么样的路？建设一个怎么样的新光明？"自成立之日起，光明新区党工委、管委会就一直把谋划新区发展思路当作头等大事来抓。"他山之石，可以攻玉。"成立之初，新区的探路者们就远赴上海浦东新区、天津滨海新区、苏州工业园区和新加坡、阿联酋迪拜等国内外先进城市考察学习，博采众长，大胆谋划。

新区的建设者们，为了打造"园在城中、城在园中，一流城区、一流园区"的现代化绿色新城，在体制机制创新方面大胆开创了属于自己的发展模式。

一　优化人事管理办法

主要内容聚焦在转变政府职能、夯实基层基础、优化选人用人等三个方面，共12项具体措施。

（一）在转变政府职能、加强行政绩效方面，进一步创新优化体制机制，发挥好机构编制的资源配置杠杆作用

1. 建立职能部门"权责清单"制度

对各单位梳理报送的事项进行汇总统筹并形成征求意见稿印发各单位征求意见，在此基础上形成正式意见稿报新区领导及法制部门审核、编委会审定后适时向社会公布新区"权责清单"。

2. 推进公共资源交易体制改革

围绕公共资源交易中心成立前期工作赴新区发展和财政局、城

市建设局、光明办事处等相关单位开展调研。将公立医院医疗器械和耗材采购、公立学校和教育培训机构、办事处、市驻新区单位、社区、国有企业使用新区财政性资金的采购以及办事处、社区工程建设类招投标，市驻新区单位、国有企业使用新区财政性资金的工程招投标项目一并纳入公共资源交易范围。

3. 深化"四并联"审批机制改革

梳理新区各单位 2013 年审批时限压缩完成情况，督促各单位跟进审批时限未达标事项；根据深圳市清理、减少和调整的行政审批事项及与宝安区签订的行政执法委托协议，进一步征求新区相关单位意见后压缩审批时限，简化和规范审批程序，提高审批效能。

4. 创新"大部门"制运行机制

针对新区成立以来在大部门体制机制运行方面存在的问题，开展全面梳理，整合部门之间的权限交叉与冲突，并在此基础上以职能优化为起点，调整组织结构和职能配置，以发挥大部门制优势。采取对现有"三定"方案重新修订、梳理各部门工作流程、机构编制进行适当调整等方式，进一步优化大部门制运作机制。

5. 创新基层治理模式体系

精简层级管理，理顺事权关系；发挥社区综合党委作用，切实加强党的领导；积极推进服务平台建设，创新社区服务模式；大力推进居委会建设，强化社区民主自治；全面推进企社分离，逐步实现政企分开；积极培育社会组织，不断完善购买服务制度；培育社区工作者队伍，促进社区工作专业化、职业化。

（二）在夯实基层基础、改进工作作风方面，进一步创新基层党组织设置和活动机制，发挥好党在基层的统领作用

1. 下派社区综合党组织"第一书记"

按照择优选拔原则，从新区、办事处机关事业单位选派正科级（职员七级）以上党员领导干部到社区担任综合党组织"第一书记"。夯实基层基础，加强基层组织"末梢"管理，锻炼新区党员干部队伍，提升党员干部服务基层、服务群众的能力和水平。

2. 全面深化党群联系机制

通过深化党群联系"零距离工作法"，在三个社区试点新区"党

员进楼栋"活动,打通党群联系"最后一百米"。编织党员志愿服务网络,统筹"三为"服务、党代表进社区及党员干部挂点联系基层等工作,构建党群"一公里服务圈"。

3. 加强"两新"组织党建工作

严格落实新区区域化党建"1+7"文件,加大人财物保障,进一步加强"两新"组织党建工作,创新推进"两新"组织党建示范点建设。结合市"两新"工委工作部署,深入开展党的群众路线教育实践活动,主动创新,靠前服务,加快"两新"组织思想、组织、作风和制度建设。

4. 探索建立党群理事会

建立社区党群理事会和议事厅,广泛吸纳各级党组织、群团组织、社会组织负责人以及"两代表一委员"、民主党派人士、企业主代表、群众代表等作为理事会成员,听取对新区社会建设、社区事务等意见建议,协商解决有关具体问题,发挥好议事、监督等作用。规范社区党群服务中心软硬件建设,整合社区服务中心、社区 U 站等资源。

5. 建立反"四风"长效机制

针对目前新区干部队伍中存在的推诿扯皮、不敢担当、执行力不强等不良作风,以反对"四风"、弘扬新区"四股气"、强化责任意识和执行力为重点,建立干部作风档案,将干部任职轨迹、工作作风、生活作风等纳入归档范围。完善干部考核监督体系,强化考核结果的运用,坚持用实绩说话,真正把绩效考核与干部评先评奖挂钩,与干部提拔使用挂钩。根据新区年度考核、调研考核、专项考核及民主评议等开放方式,将作风考核贯穿于干部选拔任用全过程。严格落实"三书预警"、个人事项报告、经济责任审计等干部监督管理制度。

(三)在优化选人用人、吸引留住人才方面,进一步改革人才激励机制,发挥好人才在推动新区事业发展中的关键作用

1. 制定干部选人用人的实施意见

根据新颁布的《党政领导干部选拔任用工作条例》,研究制定《光明新区关于坚持正确用人导向努力提高选人用人科学化水平的实

施意见》，坚持正确用人导向，努力提高选人用人科学化水平，以改革论英雄，以正确的政绩观选人用人。目前已形成初稿，根据中央《关于加强干部选拔任用工作监督的意见》进行修改完善。

2. 改革人才激励机制

研究出台符合新区区情的系列人才工作配套政策，建立健全科学的人才工作决策机制及集引进、培养、激励、保障等于一身的人才工作服务机制，充分发挥制度优势，开创新区人才工作新格局，为新区全面深化改革发展提供人才保障。

二　投融资体制改革

1. 加快推动投融资体制改革

将投融资改革作为加快新区发展的根本抓手，着力增强开发建设能力，不断做大、做强、做实新区投融资平台，积极争取土地作价出资、区域综合开发等政策试点，实现土地成片区整备、滚动式开发，在目前国家土地政策调整，利用政府土地融资的模式已受到限制的情况下，积极争取市里在土地保障、税收分成和城市基础设施建设等方面的政策支持，以确保城投公司具备较强的自我发展能力，具备"造血"功能；另一方面积极发挥资本运作"杠杆"效应，以少量融资带动大量社会资本，形成政府主导、市场运作、社会参与的多元投资格局。

2. 积极推进行政审批、财政和办事处体制改革

利用新区创新型电子政务平台，全面推广"一站式"服务、"网上办事"和"网上审批"。并大胆探索开展财政资金绩效审计和办事处财政体制改革，提高财政资金使用效益。同时主动配合做好市区第四轮财政体制改革，为新区发展争取更大的财力支持。按照市里统一部署，积极稳妥推进办事处层级改革，为全市行政体制改革积累经验。

3. 深化科技创新体制改革

积极拓宽债券、贷款等融资渠道，吸引风险资本向新区集聚。完善科技创新投入机制，搭建"科技+金融"创新支持平台。整合产业发展资金，加快构建以企业为主体、市场为导向、产学研相结

合的创业、创新扶持体系。

4. 着力推进国有、集体企业体制机制改革

新区建设者一方面加快推进国有、集体企业土地资产确权，防止国有、集体资产流失，同时不断规范光明水务公司、光明新区经发公司运作。另一方面稳步推进光明集团改制，支持卫武光明、晨光乳业等上市，并按照现代企业制度要求，积极引导和扶持社区股份公司发展，同时在政策、资金上予以实际支持，不断壮大集体经济实力。

5. 着力推进园区管理模式改革

通过建立完善高新园区建设联席会议制度等方式，探索建立"高新办统筹协调、办事处属地管理、各部门协同配合"的园区管理模式，加强园区社会管理服务，优化提升区域环境。

6. 不断促进社区股份合作公司改革

以加快推进社区股份合作公司"政企分离"为核心，规范股权设置、完善治理制度、健全监管机制，组建股权明晰、管理科学、符合市场经济要求的新型股份公司，发展壮大集体经济，推动社区转型发展。

三　扁平化管理理念

在全面总结新区运行经验和系统分析存在问题的基础上，按照管理扁平化、精细化、科学化的要求，通过改革创新，对新区基层行政管理机构进行调整，优化管理层级和管理范围、科学界定办事处和社区职能，将办事处、社区的横向管理幅度适当调整，实现二者之间的管理平衡，以增强办事处的行政管理能力，建立起层级适度、管理扁平、结构优化的高效行政体制。

1. 大部门制运作机制优化改革

在新的时期，为了全面贯彻十八届三中全会精神，新区坚持以转变政府职能为核心，积极推进大部门制运作机制优化改革，进一步理顺部门职责关系，精简办事程序，缩减审批流程，建立部门之间分工合作的协调配合机制以及新区与办事处之间决策—执行独立的事权划分机制，再造大部门制体制下科学、高效、透明的工作流

程，实现简政放权，提高行政效能。

2. 深化基层管理体制改革

按照市委市政府的总体部署，新区进一步加大了探索和推动力度，按照市统一部署新区基层管理体制改革。通过改革切实解决基层管理服务幅度过大、管理层级多、职能交叉重叠等问题，进一步优化运作流程，做好上下对接，强化"末梢"建设，促进新区更好更快发展。

3. 社会管理服务创新改革

在完善以出租屋"楼长制"分类管理为代表的社会管理和以邻里服务中心为代表的社会服务体系等的基础上，新区通过建立完善政府向社会组织购买服务制度，着力培育发展社会组织等方式和举措，进一步提升公共财政投入水平，改进政府提供公共服务方式，积极引导社区群众尤其是外来人口参与社会管理，建立社会面管控和实有人口服务的长效机制。

4. 违法建筑疏导机制改革

建立查违疏导机制是突破查违困境，缓解新区查违工作压力的有效办法。要坚持"标本兼治、综合治理、惩防并举、注重预防"的方针。

5. 劳资纠纷防控体系改革

和谐的劳动关系是社会稳定的重要基础。按照"源头预防、标本兼治"的原则，通过打造劳资纠纷预警信息平台，建立新区、办事处两级联动机制和工会、政府、企业三方协商机制，以及劳动、信访维稳、公安、司法四部门联合调处机制，创建立体的劳资纠纷预防稳控体系，构建和谐稳定的劳资关系。

6. 户政及出入境办理服务改革

通过改革，整合现有户政和出入境管理资源，采取减少办证流程、缩短审批时限等措施，实现"一站式"服务，从而打造利民惠民的民生工程。

7. 非公有制领域反腐倡廉建设创新改革

以社会领域反腐倡廉为主线，加大廉政教育进企业、进学校、进社区工作力度，积极探索在非公企业设立纪检委员或纪检联络员制度，不断延伸拓展以"两新组织"为重点的社会领域反腐倡廉工作的深度和广度，逐步形成光明新区社会化大预防格局。

四　社会管理强化

始终坚持发展是第一要务，稳定是第一责任，不断创新社会管理体制，着力构建管理长效机制，实现了辖区和谐稳定。以办事处为核心节点，进一步推动管理重心下移、服务资源下沉。在实有人口管理服务创新、社会治安重点地区治理等关键领域，积极探索政府与社会互补互动的治理新路。积极支持社会组织发展，创新公共服务供给模式，满足市民多元服务需求。

1. 城市更新推进机制改革

城市更新是挖掘土地潜力，释放城市发展空间的重要途径。完善城市更新制度建设，出台相应政策指引及配套文件，建立长效有序的管理机制，规范城市更新活动。实现通过城市更新完善服务配套设施，提升新区整体城市形象的目标。

2. 保障性住房管理体制改革

住房问题是基本的民生问题。通过改革，进一步拓展保障性住房筹集渠道，完善保障性住房分配制度，扩大住房保障范围，逐步构建渠道来源多样、分配公正合理、覆盖范围广泛的保障性住房管理体制。

3. 拆迁安置房推进机制改革

推进拆迁安置房建设是新区集约利用土地资源、拓展发展空间的重要途径。通过改革，按照新区政府投资项目"四分离"原则，明确拆迁安置房建设过程中的责任主体，创新项目建设模式，完善分配管理机制，妥善解决光明地区群众住房困难问题，为新区土地整备工作的顺利开展和光明新城的建设营造和谐稳定的社会环境。

4. 土地整备工作改革

土地整备是新区"一号工程"。要通过综合运用政策、经济、行政等方式，进一步完善土地置换与货币补偿、安置房补偿相结合，社区统筹与市政设施建设、产业项目落地相结合，园区规划整备与返还用地指标、社区经济发展相结合等土地整备手段，并利用社区工业用地市场化的契机，努力探索厂房安置的新路子，丰富土地整备补偿安置手段。

5. 土地后续管理制度改革

土地是经济社会发展的重要载体。通过认真分析存在的问题，理顺新区土地后续管理机制，进一步明确管理责任主体，完善责任追究机制，建立国有土地日常管理长效机制，确保把土地管好、管到位，为新区可持续发展提供可靠的土地保障。

在采取最严厉的措施查处违法建筑的同时，积极探索建立疏导机制，堵疏结合，综合治理。

第三节 打一场体制机制创新的攻坚之战

十八届三中全会以来，改革已成为时代主旋律，成为发展最强音。光明新区作为深圳第一个新区，应改革而生，应改革而兴，改革是新区的生命线，也是光明新区的特质。光明新区作为"大部门"体制的先行先试者，要始终高举改革的大旗，通过全面深化改革，向全面深化改革要动力、要活力，做全面深化改革的"探路先锋"；要通过改革激发新区的内生动力，催生新区的改革活力，这样新区才有希望、才有更好更大的发展。在全面深化改革的新征程中，光明新区更是将2014年确定为"改革创新年"，把改革创新摆到更加重要的战略位置，出台了《光明新区2014年改革计划》（以下简称《计划》），内容涉及经济体制、基层治理、社会服务、生态文明体制和党的建设制度5个方面40条措施，在强化上层设计、加强统筹兼顾、开展综合改革的同时，也注重立足部门职能和基层实际，分头推进一批"微创新"、"微改革"项目，从基层创新中改革找寻创新突破之策，从而形成光明新区改革的强大合力。

2014年3月11日，在原先《计划》的基础上，"光明新区2014年改革清单"和具体改革计划被公开晒出，清单鼓励"微创新"和"微改革"，实行"改革红黄榜"，设立"改革创新奖"，以改革论英雄、以改革论成败、以改革定进退，努力使改革取得实实在在的成效。清单中的每一项任务都将明确具体目标，落实责任单位，倒排时间进度，确保做到"对症下药"、"有的放矢"。可以说，"改革清单"的出台既增强了改革的针对性、实效性、联动性，也标志着光明的改革从原来的自发探索阶段进入了系统化的全面攻坚阶段。

一 改革清单

在改革的进程中光明新区认真贯彻中央和省、市的决策部署，始终确保改革正确方向，从广度和深度上积极稳妥推进改革创新。以促进社会公平正义、增进人民福祉为出发点和落脚点，从当前最迫切的事项、群众最期盼的领域、制约光明发展最突出的问题改起，坚持"目标导向、问题导向、民生导向"，找准全面深化改革的突破口和着力点，使改革发展成果更多更好地普惠于民。

在这份"光明新区 2014 年改革清单"中共安排了 26 项改革，既有继续完善和推进的存量改革项目，如楼长制、教育券、出租屋管理等；也有根据新形势新要求提出的增量改革项目，如投融资体制、科技创新平台等。在改革项目设置上，将改革内容项目化，项目责任化，明确了改革项目责任单位和参与单位，使每一项改革可评估、可实施、可考核，努力使改革计划真正落地。

深化经济体制改革方面。经济体制改革是全面深化改革的重点，经济体制改革的核心问题是处理好政府和市场的关系。围绕核心问题安排了 5 项改革：一是完善高新园区管理模式，重在提升园区配套和政府服务效能。二是加快项目审批制度改革，重在建设现代服务型政府。三是积极创新投融资体制，争取政策试点，重在吸引社会资本参与公共设施建设运营。四是科技创新驱动机制，重在提升区域创新能力。五是社区股份公司改革，主要根据 2013 年全市股份合作公司试点改革的指导意见，重点推进转型升级、政企分开政社分工、规范监管、股权流转四方面的试点改革。

深化基层治理和社会服务体制改革方面。以激发体制活力、基层活力和加强末梢管理为重点，安排了 12 项改革：一是加快基层管理体制改革，重在优化管理重心。二是深化行政审批制度改革。三是创新公共服务供给模式，重在加大向社会组织购买服务力度。四是加快商事登记制度配套改革，重在防范解决因取消审批环节可能带来的监管问题，着力增强存量改革的系统性和完整性，重点建立和完善后续综合配套监管机制，确保商事登记管理制度改革取得实质成效，切实做到既"放得开"、又"管得好"。五是安全生产管理体制，重在加强"末梢管理"和"群防群治"建设。六是创新土地整备模式，重在"整社区统筹"。七是继续完善国有土地监管。八是拓展和完善网上办事大厅。九是深化教育券改革。十是推进社区医疗服务创新，重在加强社康中心管理和建设。十一、十二分别是完善楼长制和出租屋管理。

深化生态文明体制改革方面。按照建立系统完备的生态文明制度体系的内在要求，为加快国际化现代化国家绿色生态示范城区建设，安排了2项改革：一是完善绿色生态示范城区建设和考核体系。二是提升生态环境质量。

深化党的建设制度改革方面。围绕改进作风建设，提高执政水平，安排了6项改革：一是全力加强基层组织建设，围绕固本强基，选配社区综合党委书记或第一书记。二是深化行政执法体制改革。三是改进作风常态化制度建设，重点通过建立长效机制，巩固扩大党的群众路线教育实践活动成果。四是探索建立直接联系群众机制。五是强化廉洁新区建设。六是创新人才服务机制，突出"千人计划"。

二 改革任务

（一）深化经济体制改革，提升城市发展质量和水平

建立职能部门"权责清单"制度。以转变政府职能为核心，按照法治、精简、效能以及严控的原则，优化新区"三定"方案，全面清理和规范各部门职权职责事项，明确职权运行的界限，规范自由裁量权。

推进公共资源交易体制改革。推进公共资源交易中心挂牌成立，加强公共资源交易的监管，试行决策、执行、监督相互分离、相互制约的管理体制。

深化"四并联"审批机制改革。扩大"四并联"审批机制适用

范围。进一步清理、减少和调整行政审批事项，简化和规范审批程序，提高审批效能。理顺重大项目审批和建设机制，简化项目报建决策流程，加快推进项目前期。

深化商事登记"一站式"服务改革。发挥"大部门、大综合"的体制优势，提升商事登记"一站式"办结工作水平。加快商事登记改革配套制度建设，建立健全市场主体"宽进严管"工作机制。强化园区办的统筹协调职能，完善高新园区"一站式"服务。

构建"科技+金融"技术创新体系。搭建"科技+金融"创新支持平台，重点支持科技型中小企业加强技术创新和产品研发。加快构建以企业为主体、市场为导向、产学研相结合的技术创新体系。

创新投融资体制。积极争取土地作价出资、区域综合开发等政策试点，探索发行城投债、参与股权投资等方式，加强国有资本运作，拓宽投融资渠道。以城市更新、创新型产业用房、重大公建项目建设运营为突破口，在经营性、准经营性、非经营性领域分别探索通过股权合作、融资租赁、委托运营、BOT、TOT等方式，吸引社会资本参与公共基础设施、配套设施建设和运营。

创新"大部门"制运行机制。优化新区各单位职能，合理构建决策、执行、监督协调配合的运行机制。加强职能整合，规范完善政务服务管理体制，科学划分新区、办事处和社区事权，推动管理重心下移，服务资源下沉，通过理顺新区大部门体系结构，着力提高行政效能，激发体制活力。

建立新型公务用车制度。坚持社会化、市场化改革方向，改革公务用车实物配给方式，合理有效配置公务用车资源。适时研究制定配套办法，规范操作程序。通过改革，转换公务用车运行机制，构建新型公务用车制度和公务交通保障体系，使公务交通更加高效便捷，费用支出更加合理可控，车辆管理更加严格透明，促进公共资源配置更加节约、公平。

深化"整社区统筹"土地整备模式。以塘尾、楼村等社区为试点，按照"整社区统筹、利益双赢、发展共进"的思路，在重点片区和重大项目建设中引入社区参与、共同推进工作机制，进一步深化"整社区统筹"土地整备模式。

　　深化社区股份公司改革。在社区股份合作公司试点改革的转型发展、规范监管、政企社企分开和股权改革四方面内容中，股权改革无疑是最具难度的。新区创新思路、先行先试，按照《公司法》和现代企业制度，整合集体经济与现代公司的特点，以翠湖投资发展股份有限公司作为股权改革试点，在全市范围内率先进行创新：通过股权结构创新，解决集体股虚位问题。集体股是在股份合作公司中普遍存在的一种股权形式，设置集体股在保持集体性质和促进共同富裕上发挥基础性作用，但从当前股份合作公司的实际运作看，集体股主体不明，不享有表决权和分配权，集体股形同虚设是股份合作公司重大弊端。根据《公司法》的规定，股份有限公司只有法人股、自然人股的区分，不存在集体股的概念。以股份有限公司来组建集体经济，由于集体成员每人持股相等，如果没有一个中坚力量相对控股，公司股权结构将极为分散，可能导致公司无法形成决策，也可能被少数人操控，随着股权的流转，社区集体公司还可能沦为私人公司。为此，通过调研论证，在综合借鉴股份合作公司集体股特点和现代公司产权制度优势的基础上，拟引入集体股的概念，采用法人股的形式予以体现。集体股份额占公司总股本的34%，处于相对控股的地位。集体股由居委会作为法人单位代为持有，权益属于全体股东居民，全体股东居民与居委会的法律关系体现为委托代理。居委会下设集体资产管理委员会，作为集体股的管理机构，具体行使集体股股东在股份有限公司的权利，成员由居委会和股东居民推选。集体股股东享有在股东大会的表决权、向公司派驻集体股董事和监事、参与公司利润分配等权利。通过上述制度设计，将股份合作公司中集体股概念成功植入股份有限公司的法律架构内，并克服了集体股虚化的弊端，做实了集体股的权利主体和权利内容，既有利于发挥居民股东参与公司经营的积极性，又能保证公司集体性质，强化内部监督，促进社区和谐。通过股权内容创新，赋予股东完整的股权。股份合作公司的合作股同样存在股权内容残缺的弊端。合作股股权通常采取无偿划分的形式获得，股东没有履行出资义务；股权的内容不完整，转让、质押甚至继承都严格受限；股权封闭，违背市场经济生产要素自由流通的规律；代表制的权力机构和一人一票的表决方式，弱化了股东的知情权、参与权和监督权。拟按照股份有限公司的标准，赋予个人股东完整的股权。一是公司设置 60% 的个人股，通过政府代出资或个人直接出资的方式，在联合产权交易所将股份登记到个人名下。二是允许个人股权依法继承，并在章程中对股权的转让、质押做出明确约定，既维护公司的集体性质稳定，又保护个人自由意志，为公司市场化运作奠定基础。三是实行一股一票的表决制度，体现责权利对等的法治精神。个人股东在公司享有完整的股权，承担相应的责任和义务，激发股东参与公司经营发展的积极性，还原公司作为市场主体的本来面目。通过设立方式创新，突破发起人数限制。按《公司法》规定，发起设立的股份有限公司，发起人不能超过 200 人，而募集设立的要经证监会批准，后向社会公开募集，这就意味着非上市股份公司股东通常不超过 200 人。然而，各社区的受益人口都远超 200 人，如何使之全部成为公司股东，享有同等权益，是需要破解的政策难题。为此，拟在市法制研究所、市场监管局、联合产权交易所等单位的指导下，提出先发起设立，再增资扩股的解决思路：先由集体股股东——居委会和 1 名个人股东——居委会主任作为发起人，成立股份有限公司；然后增资扩股，使其他受益人成为公司股东。发起人和注册资本在市场监管局办理登记，新增股东在联合产权交易所委托管理，含股东名册的公司章程在市场监管局办理备案。通过法人治理创新，保障股东民主权利。股份合作公司的治理结构主要包括股东代表大会、集体资产管理委员会、董事会和监事会，但各机构间职责不明晰、交叉任职较多，往往不能充分发挥作用。股份有限公司按照法治和市场的要求，有较完善的治理结构，通过对公司内部各机构的权利分配，保证公司法人治理结构的制衡机制，达到运作高效、决策科学的目的，保障公司和股东权益。按现代企业标准，建立股东会、董事会和监事会。股东会是最高权力机关，全体股东按股份行使表决权（一股一票）。董事会是经营决策机构，通常设 9 名董事，其中 2 名为独立董事，由财务和法律专业人士担任。独立董事凭专业知识和独立人格对公司事务做出判断，保障公司决策科学、合法，维护广大股东的利益。监事会是常设监察机构，设 3 名监事。结合光明实际，除职工监事外，还准备聘请社区中热心公益、德高望重的长辈担任监事，利用其公信力和号召力，更好地行使对公司高管和重大事务的监督权。通过经营团队创新，实现所有权与经营权分离。股份合作公司的经营班子往往跟社区领导班子重叠，政企不分，公司经营与社区管理交织。分散了社区领导人的工作精力，角色容易错位，也不利于引进优秀管理人才。而股份有限公司是以股东出资形成的法人财产为基础的法人实体。由于公司的出资人人数众多，股份分散，公司并非由股东直接经营管理，必须实现所有权与经营权的合理分离。在章程中明确董事会和总经理及其他高级管理人员的权利和义务，并规定总经理及其他高级管理人员可以在股东或社区居民中择优聘请，也可以向外公开招聘优秀人才，由此引入职业经理人制度。总经理在董事会领导下专职负责公司的经营事务，总经理以下的公司员工实行编制管理，定岗定责，择优录用，考核绩效。通过外引人才，打破了集体经济组织封闭性的特点，外来人才还可以通过出资或股权转让成为公司股东，激励公司经营团队在市场经济浪潮中，带领企业取得较好的经济效益。通过分配方式创新，统合经济效益与社会责任。股份合作公司中集体股股东不享受分红，合作股股东的所谓"分红"，实质上是一种集体福利。"分红"不完全决定于利润，可以优先于税收甚至第三人债权（类似工资）。由此，股东根本不关心公司经营，权、责、利完全不匹配。为促进公司依法纳税，作为完全独立的商事法人处理债权债务关系，利润提取公积金和公益金后，按股权份额分配给全体股东，为保障小股东利益，公司章程要规定强制现金分红的规则。集体股获得的分红，按照《集体股管理办法》安排，提取一定比例的集体公益金，用于社区居民的各种奖励、补助和救济，兴办社区福利事业，其余集体红利进行二次分配。社区承担的计生、兵役、殡葬、治安等社会事务，二次分配可以作为重要的经济调节手段。由此有效统一的股东的权利与义务，实现了经济效益与社会效益的双赢，体现了集体经济组织的优越性。

（二）深化基层治理改革，建设法治政府和服务型政府

创新基层治理模式体系。以改革社区治理体制、强化末梢管理

为核心，建立社区综合改革体系。聚焦社区治理这一改革重点，突出社区党建、社区服务、社区自治、社区管理四大改革领域，推出风景林工程、织网工程、幸福社区建设工程等一系列社区治理项目，逐步形成全方位、多层次社区综合治理模式和"多方参与，共建共享"的社区治理体系。建立以社区综合党委为核心、以居委会自治为基础、以社区服务中心为工作平台、社区各类主体共同参与的基层管理体制。

深化安全生产"末梢"管理机制。强化"末梢"管理，健全新区监察、办事处督查、社区巡查三级安全生产监管运行机制。推动成立新区安全生产行政执法监察大队，完善机构设置和人员配置，增强基层执法力量，进一步落实责任主体。加强安全生产监管信息网络平台建设，建立市、区、办事处、社区、企业隐患排查治理体系。

建立"城管公安联勤联动"机制。创新部门联动机制，探索整合国土看护监管和治安力量资源，为全市推动工作提供示范。建立城管公安联席例会、定期工作例会以及联合督导制度，创新实行联合执勤方式，明确城管和公安双方实行相互支援联合执法。充分发挥国土监管与治安防控联合岗亭的作用，实现执法资源共享、力量互补，提升工作合力。

建立"综合应急平台"体系。加强政务值守系统建设，进一步健全应急管理组织体系。健全现场指挥官制度，构建新区"综合应急平台"体系。完善突发事件工作机制，加强信息报送、快速反应、专业处置和应急联动机制，推动各专业应急机构、应急救援队伍和专家队伍建设，提高专业处置水平。

深化"楼长制"管理服务模式。进一步完善"楼长制"实施细则，明确楼长的职责任务、工作规范、监督管理及考核奖惩。统一制作张挂出租屋管理监督牌，统一颁发佩戴出租屋楼长证，统一楼长红马甲（红袖章）等标识，统一对楼长进行编码建档，确保对楼长的管理规范有序。培育楼栋长自治组织，设立"楼栋长联合会"。

深化"人屋对应"动态管理模式。总结推广工商业出租屋"责任捆绑"、旅业式出租屋"信息采集"、网络出租屋"实时监控"等分类管理模式。深化"人屋对应"动态服务管理，全面推进流动人口"双员"和出租屋"双严"管理模式，切实加强实有人口服务管理。开展"宜居出租屋"创建，健全视频门禁和防火防盗设施，做好环境美化等工作。

创建劳资纠纷服务体系网络预警平台。建立全方位、立体的劳资纠纷防控服务体系，建成新区劳资纠纷服务体系网络预警平台。高度整合新区两级劳动保障监察力量，主动发现预警劳资隐患，高效处置突发的群体性事件，切实保障新区劳动关系整体态势和谐稳定。

完善综治信访维稳"大调解"工作体系。调整办事处、社区综治信访维稳工作站职能，完善人民调解、行政调解、司法调解联动的"大调解"工作体系。通过加强办事处、社区人民调解委员会组织和队伍建设，招募兼职调解员等方式，依托办事处、社区综治中心化解邻里纠纷、家庭纠纷等社区居民内部纠纷，将办事处、社区综治中心打造成社区和谐议事厅。

深化查违执法体制改革。积极探索查违执法程序建设，明确岗位职责，制定规范，细化流程，保障执法程序合法。理顺新区查违执法各方关系，明确执法主体，梳理执法依据，界定执法职能。严格落实法定执法事项，合理界定执法权限，建立权责统一、权威高效的查违执法体制。

推行重点工作"公开承诺"制。创新实行重点工作"公开承诺"制度。对重点工作实行全过程控制管理，做好关口前移，强化事中监督、年底考核，对行政慢作为、不作为、乱作为实施责任追究，全面实行"三级约谈制"和督查红黄牌制度，确保各项工作任务得到有力落实。

编制政府向社会组织购买服务目录。进一步简政放权、转变职能，创新公共服务供给模式，加快编制政府向社会组织购买服务目录，加大购买服务力度，规范购买服务行为，满足市民多元服务需求。

（三）深化社会服务体系改革，切实保障和改善民生

推进社区基金会试点改革。率先在全市启动白花、凤凰等 5 个

社区基金会试点工作，指导完善基金会法人治理制度，建立健全设立登记、资金管理等配套政策。强化基层"末梢"管理和服务，充分发挥社区基金会作为社区治理体系新模式、政府转变职能新载体、社区公益服务新平台、社会保障体系新触角、公益慈善发展新方向的"五新"作用。通过成立社区基金会，在完善社区治理模式、转变政府职能、深化社会领域改革方面做出创新性探索，形成一套可借鉴、可复制的经验和模式予以推广。

探索推行"文体通"惠民卡。盘活新区文体资源，推出"文体通"惠民卡，让市民持卡享受新区公共文体场馆、设施优惠服务，并鼓励辖区文化体育市场经营单位为持卡市民提供优惠服务，进一步推动政府实现文化体育管、办分离，从政府单一主体向全社会广泛参与转变。

深化"教育券"制度改革。继续实施向在新区合法民办学校就读并符合双免的学生发放教育券的制度，优化教育券申领流程，把教育券打印和发放权限下放到民办学校，最大限度地降低群众的办理成本。简化教育券汇总和审核程序，缩短教育券资金下达到民办学校的时间，尽快发挥教育券资金效益。进一步规范教育券使用管理和民办学校财务管理，确保资金安全。

完善公办、民办学校"1：1"结对帮扶机制。进一步强化经费保障，深入实施公、民办教师交流任教，以学年为单位分批选派优秀的公办学校教师到民办学校任教。通过结对学校相互开放公开课、示范课和教研活动，相互交流优秀教学课件，互派学生参与体育艺术活动等方式促进公办学校优秀的课程输出。

创新推进"家庭医生"服务。进一步规范"家庭医生"服务工作机制，完善工作制度和经费投入保障，构筑覆盖更广的"家庭医生"服务网点。探索"家庭医生"培训新形式，在新区筹建全科医学技能培训中心，结合到港大滨海医院全科医生对接培训，全面提升"家庭医生"技能水平。配合民政部门、办事处，尝试依托社康中心开办社区护理院的新模式，赋予"家庭医生"服务新内涵。

建立社工事业"三化"运作管理体系。建立社会工作专业化、标准化、本土化的"三化"运作管理体系，完善新区社工协会、社工联席会议制度和社工晋升考核综合评价机制。逐步加大财政投入力度，扩大政府购买社会工作服务范围和规模，带动建立多元化社会工作服务投入机制，促进社工事业加速健康发展。

建立促进就业"三方"联动机制。整合政府部门、企业及社会团体、辖区职介职培教育机构等资源，明确各方职责分工，成立促进就业三方联会，建立联席会议制度，开发三方联动就业服务信息系统，形成促进就业联动机制，为失业人员提供个性化、精细化、专业化的就业服务。

创新养老服务事业发展机制。推动老年人日间照料中心建设，面向家庭日间暂时无人或无力照护的老年人提供日间照料、膳食、护理康复、心理咨询等集中照料服务。整合社区服务中心资源，以引进、自建、培育等方式逐步建成覆盖全区的养老服务网络，全方位推进养老服务工作。

（四）深化生态文明体制改革，打造现代化国际化绿色新城

完善绿色新城"367"建设体系。建立健全新区生态文明目标责任考核机制，加快建立 LED 路灯建设标准。新建市政道路、市政公园、保障性住房等项目全面推广低冲击开发模式。实施绿色建设管理和激励政策机制，优化绿色工程全过程监管和行政审批制度，研究开发绿色生态城市建设行政管理平台。

完善绿色社区建设机制。将绿色社区建设与"幸福社区"、"宜居社区"创建相结合，完善社区基础设施，采取有效的污染防治措施，建立垃圾分类回收系统，逐步扩大绿色面积比例。结合环保监督员制度，建立健全社区环境监管体系，发挥社区居民监督执法的作用。加强绿色社区创建宣传，营造良好的社区环境和文化氛围。

完善生态城区管理机制。积极创建"国家级循环化改造示范园区"、"国家级循环经济示范城区"，加大落后产业转移淘汰力度，推动新区产业园区循环化发展。创新城市管理服务模式，试点引入社会组织参与市容秩序管理，继续推进环卫工作市场化。大力推进深圳绿谷光明花海项目，努力构建生态和谐宜居城市。

创新环保审批和监管机制。推动与商事登记制度改革相配套的环保审批制度改革，精简审批事项和审查环节，扩大豁免环保审批

范围。建立社区"环保监督员"队伍，编织熟悉基层社区情况的环保监管网络。推行环保"黑名单"制度，创建环保违法曝光台，将存在超标排放污染物、偷排直排生产废水等环境违法行为的企业列入环保"黑名单"，加大媒体曝光，建立诚信管理体系，鼓励环保守法行为。

（五）深化党的建设制度改革，提高科学执政的能力和水平

探索下派社区综合党委"第一书记"。把选派"第一书记"作为深化社区治理改革、改善社区治理结构的重要突破口，夯实基层基础。坚持选优配强，以脱产、驻点挂点相结合等形式，从正科级以上领导干部中选派"第一书记"，实现新区28个社区选派全覆盖。严格工作考核，明确"第一书记"前三个月全脱产任职，把对"第一书记"的考核结果作为干部提拔使用的重要依据，增强社区基层党组织活力，巩固提高基层党组织的执政能力和发展能力。

创新表达联系服务群众"最后一公里"。深化党群联系"零距离工作法"，全面铺开新区"党员进楼栋"活动，打通联系服务群众"最后一公里"。编织党员志愿服务网络，统筹"三为"服务、党代表进社区及党员干部挂点联系基层等工作，构建党群"一公里服务圈"。探索党工委管委会直接联系群众机制，推动党员干部下基层常态化、长效化，不断密切党群干群关系。

推进"两新"党建示范点"1+7"建设。严格落实新区党建"1+7"文件，加大保障力度，确保党的组织和工作在基层包括"两新"组织的全覆盖，建立新区机关事业单位（区属国企）和社区党建示范点，创新推进"两新"党建示范点建设。继续在规模以上企业推广建设党群服务中心，大力推行"一中心一品牌"，实现党群服务中心由阵地平台到党建品牌的转变。

探索建立党群理事会。建立社区党群理事会和议事厅，广泛吸纳各级党组织、群团组织、社会组织负责人以及"两代表一委员"、民主党派人士、企业主代表、群众代表等作为理事会成员，听取对新区社会建设、社区事务等意见建议，协商解决有关具体问题，发挥好议事、监督等作用。规范社区党群服务中心软硬件建设，整合社区服务中心、社区U站等资源。推行"党建经费绩效化竞争"模

式，打造特色服务品牌。

建立反"四风"长效机制。按照中央"八项规定"和党的群众路线教育实践活动的要求，深入开展整改落实工作，积极推进"三公"改革和制度建设。出台干部勤政建设制度，建立干部作风档案，完善干部考核监督体系。

推进"三级"纠风网络试点建设。以"非公有制企业党组织中纪检组织全覆盖"为目标，继续推进社会领域反腐倡廉建设。狠抓社区集体经济监督，研究建立集体经济权力制约制度。创新监察制度，积极推动新区、办事处、社区三级纠风网络试点工作，着力推进廉政建设常态化、长效化。突出社会民生、资源环境、重大项目等重点，进一步加大审计工作力度，确保资金使用规范高效。

建立改革人才激励机制。坚持鼓励创新、"以改革论英雄"的用人导向，设立"改革创新奖"，大胆提拔使用锐意创新、敢于破难的优秀干部，引导树立比创新能力、比开拓本领、比工作实绩的正确政绩观。坚持"开门办改革"，向社会公开征集改革"金点子"。大力引进高层次人才，创新人才吸引和保障机制。

三 改革动力

在本次具体改革的项目选择上，新区非常注重围绕解决群众反映强烈的问题来开设条目、注重立足部门职能和基层实际，分头推进一批"微创新"、"微改革"项目，从基层创新中改革找寻创新之策、突破之策、治本之策，在区内形成改革的强大合力；同时对于楼长制、出租屋分类管理模式等新区推行已久且较成熟的工作，则更关注从细节处进行"微创新"、"微改革"和进一步予以完善。

为确保改革取得实实在在的成效，光明新区成立了新区全面深化改革领导小组，落实重大改革项目领导分工责任制，从全区层面加强对重大改革事项的研究和推动；同时强化考核激励机制，一方面设置四大监督考核机制，多措并举保落实；另一方面设立"改革创新奖"，建立"改革用人"导向，为光明新区改革见成效设置保障线。

公开透明抓落实。将改革计划纳入年度重点工作承诺书，向社会公开承诺，主动接受社会和群众监督。在年中职能部门述职述责中，改革任务落实情况将作为重要考评内容。在年底"清账"时，也将邀请各界代表进行评议，切实增强新区各部门抓改革落实的责任感。

严格督查抓落实。将改革计划的落实情况，列入新区一级督查令督查范围，全程跟踪、定期通报进展情况；落实情况纳入绩效考核，按季度对新区党工委、管委会和各单位双向通报。

三级约谈抓落实。根据《光明新区行政慢作为、不作为、乱作为责任追究办法》，建立纪检监察"三级约谈"制度，按照对改革事项时间要求和安排，将约谈作为一条"红线"、一条"高压线"，对照"时间表"，对改革过程中慢作为、不作为、乱作为的单位和个人，严格责任追究。

"红黄榜"制抓落实。对各单位改革项目完成情况实行亮牌制度，对推进不力者根据情节给予红黄牌警告，形成"改革红黄榜"，在媒体上对社会公开公布。

强化激励抓落实。设立"改革创新奖"，向改革要动力、活力和成效。实行改革张榜排座制度，与干部绩效考核和选拔任用挂钩，对在改革方面有重大突破、重大影响、重大成果的单位和个人予以表彰和奖励，以鼓励改革、支持创新，凝聚改革"正能量"，营造更好的改革创新社会环境。

第四节　圆一场未来城市建设的绿色创意之梦

一　领跑全国绿色生态城市建设

近年来，党中央、国务院高度重视生态文明建设，党的十八大报告更是首次专章阐述"大力推进生态文明建设"。由此也在全国范围内掀起了一股建设低碳城市、生态城市的热潮。光明新区自成立之初就确立了"绿色发展"的核心理念，经过几年多的艰苦奋斗，光明新区"绿色新城"建设成绩斐然，已经取得了"国家绿色生态示范城区"、"国家绿色建筑示范区"等三张"国字号"招牌。但是，光明"绿色新城"这一概念的独特性和辨识度较低，在全国的品牌影响力和知名度不高。要想领跑全国低碳生态城市建设，打响光明品牌，光明新区必须有赶超世界最佳生态城市的梦想和气魄，确定更为宏伟的战略目标——打造国际一流水准的"深圳绿谷"。

二　创新新区城市建设发展模式

光明新区自成立以来，一直致力于打造一座"绿色新城"，也是深圳第一个以"绿色"作为核心发展理念的区（新区）。但过去几年新区"绿色新城"建设主要侧重于绿色建筑为主的城市建设，而对生态环境、绿色产业、科技创新和社会活力等方面的绿色发展的关注则相对较少。为此，新区提出打造的"深圳绿谷"既全面继承"绿色新城"行动纲领和发展经验，又进一步扩展和深化"绿色发展"内涵和外延。"深圳绿谷"将在未来相当长的一段时期内统领光明新区经济社会发展，是对光明新区"绿谷新城、创业新城、和谐新城"发展定位的全面整合和集中诠释。

"深圳绿谷"既是指光明新区这一特定空间，也是统领光明新区未来绿色低碳发展的一系列创新发展模式，以及随之呈现出来的城市形象、产业特质和人文精神。以"绿色"、"创新"、"活力"引领光明新区经济社会发展，聚焦"光明人"赖以生存的环境、经济和社会，通过创新发展模式，将光明新区打造成"绿色生态谷"，即赶超全球最佳生态城市建设水准，将光明新区打造成为引领生态城市建设和生态文明发展的国际标杆；"绿色科技谷"，即构建国际一流的绿色产业体系和科技促进体系，将光明新区打造成绿色产业的集聚高地，绿色产品、技术及解决方案的实验平台和输出引擎；"绿色活力谷"，即创新体制机制，集聚人才、资本、机构等创新资源要素，将光明新区打造成充满活力的创业乐土、创新摇篮。

（一）建设"深圳绿谷"六大实施策略

策略一：瞄准国际标杆，谋求国际合作。在推进"深圳绿谷"建设中，特别是在打造核心旗舰项目上，光明新区大力拓展国际合作通道，携手国际标杆生态城市，打造国际一流项目。通过国际合作，也可以进一步提升"深圳绿谷"在国内外的知名度和影响力。

策略二：加强公关营销，力争上级支持。加大"深圳绿谷"概念的深度包装和推介营销，扭转"绿色新城"概念独特性和辨识度不高、产业内涵开发不够等不足，特别是在打造核心旗舰项目和开展国际合作方面，大力争取深圳市乃至国家的支持。组建"深圳绿谷"专家咨询团队，邀请国内外经济、城市、社会、生态建设各领域知名专家作为智囊，依托专家的技术支持和人脉拓展国际合作渠道，加强概念营销。

策略三：创新开发模式，广纳社会资本。学习借鉴前海等地的开发建设经验，探索多种形式的开发建设模式。在遵从全区整体规划的前提下，重点采取片区综合开发、片区整体开发等模式，确保"深圳绿谷"总体战略目标的实现。

策略四：重点项目带动，以点带面推进。建设"深圳绿谷"是光明新区一项长期而艰巨的战略任务，且受制于新区财力、土地等各种因素，建设工作不宜全面铺开，应突出抓好几大重点工程，通过大项目带动，以点带面逐步推进"深圳绿谷"建设。

策略五：创新体制机制，着力制度建设。通过制定《光明新区关于加快建设深圳绿谷的若干意见》及相关实施细则，将新区推进"深圳绿谷"建设的一系列创新模式用制度形式予以固化，为建设"深圳绿谷"提供强有力的制度保障。

策略六：加强组织领导，设立专门机构。首先，成立光明新区建设"深圳绿谷"总指挥部（领导小组），由新区主要领导任总指挥。其次，成立正处级事业单位"光明新区绿谷指挥办"，统筹协调推进建设"深圳绿谷"各项工作。最后，公明、光明办事处和新区各局（办、委、大队）、各中心以及市驻新区有关单位确定一个内设科室加挂本单位"绿谷办"牌子，作为本单位建设"深圳绿谷"工作的牵头部门。

（二）建设"深圳绿谷"六大关键举措

举措一：创新生态建设模式，打造和谐友好的生态环境体系。编制《光明新区生态系统优化综合规划》，实施多元生态保护机制，对山、水、气、土等自然生态系统进行系统修复、综合优化、立体保护，将优良的生态环境作为新区第一战略资源（资产）。实施

"保持优先、适度开发、点状发展"的生态开发理念，合理释放土地资源，拓展产业空间，以产业的投入产出平衡生态修复和环境保护建设的投入。

举措二：创新城市建设模式，打造绿色低碳的城市功能体系。以弹性城市、生态城市和情景规划理念为基础，编制《光明新区综合规划》，实现国民经济和社会发展规划、城市空间规划、土地利用总体规划"三规合一"，提升规划的可实施性。在城市建设中全面运用绿色产品、技术和综合解决方案，全面加快"国家绿色生态示范城区"、"国家绿色建筑示范区"、"国家低冲击开发雨水综合利用示范区"建设，打造绿色市政基础设施，绿色建筑、绿色公共交通体系、绿色能源设施等。

举措三：创新产业发展模式，打造光明特色的绿色产业体系。重点打造节能环保、移动互联、平板显示、生命健康、文化创意、生态旅游等六大绿色产业，夯实绿色经济基础。重点发展与绿色新城建设相关的绿色建筑、绿色能源、绿色设计、节能服务等产业。重点发展总部、研发、运营、供应链等产业链的绿色环节。全面推行循环型生产方式，实施清洁生产，推进园区循环化改造，实现能源梯级利用、水资源循环利用、废物交换利用、土地节约集约利用。

举措四：创新科技促进模式，打造充满活力的科技创新体系。鼓励引进国内外绿色科研机构、工程中心、重点实验室，开展绿色产业关键技术研发，提升新区绿色科技引领能力和话语权。打造资讯信息、公共检验/检测/认证、科技中介、产学研合作、科技成果展示与交易等平台。鼓励企业、社会组织和个人建设孵化器，引入导师团队，实施专业孵化，打造创新摇篮。鼓励天使投资、创业投资、股权投资、企业债、银行贷款、小额贷款、担保等金融业态发展，打造资本洼地。

举措五：创新人才集聚模式，打造创新创业的人才支撑体系。实行创新人才政策，未来 3 年，光明新区各行各业面向全球引进百名博士、千名硕士、万名大学毕业生。对新落户光明新区的大型总部企业、研发中心等实施特殊的人才优惠政策，以一流企业、一流园区集聚一流人才。吸引创客、极客、玩客等创意群体到光明新区创业发展，打造中国第一座"创客小镇"。

举措六：积极协调"深圳市绿色建筑协会"、"深圳市绿色产业促进会"、"深圳市工业设计行业协会"、"深圳平板显示行业协会"等社会组织迁入光明新区，创办"绿色 NGO 国际高峰论坛"，引导NGO 成为促进新区绿色产业发展、绿色新城建设的重要社会力量。依托新区产业基础和环境资源，在绿色科技、绿色生活等领域打造一两个具有全国乃至国际影响力的活动品牌。积极承办国际节能低碳、生态产业主题峰会，举办绿色技术合作与产品交易博览会，力争将其打造为绿色生活发展的国际性交流合作平台。

三　引领绿谷十大核心工程发展

这"十大核心工程"包括光明凤凰城、光明乐活谷、光明花海、光明中央滨河景观带、光明未来城、深圳创客小镇、深圳国际智慧谷、两核两带城市更新工程、生态系统修复、优化工程、园区循环改造工程。可以说"十大核心工程"是建设"深圳绿谷"的关键载体，是打造"绿色生态谷"、"绿色科技谷"和"绿色活力谷"的十大实践平台。它的建设将践行建设"深圳绿谷"的核心理念、关键举措和实施策略，逐步搭起"深圳绿谷"的架构和形象，最终实现建设"深圳绿谷"的长远战略目标。

未来新区将主要突出生态文明，以三个国家级示范区建设为平台，以"深圳绿谷"为主轴，以"十大工程"为核心，用创新的思维加快打造绿色新城的步伐，全面提升城市化质量和水平。

1. 高标准打造国家级绿色生态示范城区

抓紧编制新区综合发展规划，核心片区全面实施低碳生态开发。确保年内新开工绿色建筑不少于 100 万平方米，其中二星级或三星级标准比例不低于 30%。在新建市政道路、市政公园、保障性住房等项目中，全面推广低冲击开发模式。积极申报"国家级循环化改造示范园区"、"国家级循环经济示范城区"。坚持生态建设和保护"两条腿走路"，加大水环境和大气环境保护治理力度，进一步擦亮新区的绿色"招牌"。

2. 高质量推进新城开发建设

以"光明凤凰城"等"十大工程"开发为平台，加快新区公共服务平台、文化艺术中心和光明书城等项目建设。尽快完成光明新城、光明高铁城综合体、上市企业总部园区等土地出让工作。全力推动地铁6号线尽快开工，积极争取龙大高速光明段取消收费。扎实推进科发路等道路建设，加快打通断头路，畅通新区内部道路微循环。确保石甲线原水管工程年内完工，加快完善新区水、电、气等基础配套。

3. 高水平推进城市更新

坚持政府引导、企业运作，支持卓越、京基、佳兆业等企业尽快启动项目建设，推动"大片区更新"模式加快实施。强力推进光明商业中心、公明帝闻、秋硕等项目建设，推动新创维、公明商业中心等项目尽快开工。争取公明塘家南门山片区等项目列入市更新计划，进一步丰富新区城市更新"项目库"。

4. 高强度开展土地整备

继续实施土地整备"一号工程"。进一步深化"整社区统筹"模式，力争一揽子解决社区土地历史遗留问题。重点保障产业"招拍挂"用地的土地供应。强力推进深圳大外环高速、地铁6号线、光侨北路等重点项目土地整备。抓好茅洲河综合整治、德源木器厂、东周加油站等项目的攻坚扫尾工作，加快土地移交入库，确保市下达的整备任务圆满完成。

5. 高要求强化城市管理

始终保持查违高压态势，积极探索查违疏导新途径，切实遏制违法抢建行为。进一步加强国有土地看护监管，完善市容环境管理监督机制，严厉查处乱倒余泥渣土、乱摆卖、乱张贴等行为。加大重点片区、重要节点绿化提升工作力度。创新城市管理服务模式，试点引入社会组织参与市容秩序管理，继续推进环卫工作市场化，提高管养水平。进一步巩固违法养殖清理整治成效，严防回潮。

第三章

光明新区创新型的绿色经济

绿色经济作为人类文明演进的一个崭新阶段，它既包含物质文明，又包含非物质文明，是物质文明与非物质文明的有机统一体。它既是以知识为基础的知识经济，又是人类创造绿色财富的经济。

从政治经济学的角度来看，绿色经济包括绿色生产、绿色流通、绿色分配、绿色消费。同时，绿色经济又是以高科技产业为手段。"一方面通过科技力量的巨大作用使人们的社会生产、流通、分配、消费过程不损害环境与人的健康；使高科技的绿色产品极大地占有市场，成为经济生活中的主导部分，不仅使广大低收入者都能够买得起绿色产品，而且要保持人与自然之间的动态平衡，实现社会公平；另一方面，它又要在自然资源的承载能力范围内，在生态环境的非碱性条件下，把技术进步限定在有利于人类、有利于人类与大自然相互关系的轨道上，即按照属于人类的生活或生存方式来求得人与自然之间的和谐。"①

第一节 何谓"绿色经济"

绿色经济的内涵延伸了对经济大系统全面创新与效率最大化的时代要求，因此具有以下特征。

---

① 熊清华、程厚思等：《走向绿色的发展》，云南人民出版社 2002 年版。

一　绿色经济是以人为本的经济

绿色经济的主旨是服务于人的需要和人的发展的，偏离了这一目标来讨论绿色经济毫无意义。因为经济发展的动力来自人们对经济利益不断增长的追求。一个社会只有当它能使大部分人的福利有所改善时，经济发展的目标才能够实现。

我们强调人类在经济活动中要亲和自然、尊重自然，并不是像唯生态主义者那样，建立在唯保护环境和生物多样性的基础上来看待经济的持续发展，更不是要以牺牲经济发展和人们经济福利的改善与提高来换取生态环境的保护和改善。而是希望通过人与自然的和谐发展，来更好地实现人类自身的健康发展。诚然，与传统经济学不同，绿色经济的发展是兼顾了个人利益、当代人利益与全体人类的不同代人利益的，是一种更高层次的人类利己主义。正是从这种利益的角度出发，即从人的最大经济福利来实现资源的最大程度的配置与优化。这种以人类的最大经济福利作为目的和动力的资源配置，是建立在效率优先基础上的，离开了效率优先，人类的净福利便无从谈起。所以，以人为本并不否定效率优先的原则，而恰恰是借助效率优先来实现的。[1]

二　绿色经济所追求的是社会高层次的进步

绿色经济不仅追求经济发展，而且追求人的发展和生态环境的进步。绿色经济认为，社会进步不仅包括生产和分配的体制改革，而且国民财富的分配除了要求公平，还要有益于教育、健康、就业。另外，绿色经济理论认为，环境保护应成为社会的自觉行为，其目的在于预防、恢复或补偿由经济行为造成的环境损失。为了维护生态环境的进步，必须以"绿色 GDP"来取代传统的 GDP，作为衡量经济进步与社会发展的指标。

---

[1]　赵斌：《关于绿色经济理论与实践的思考》，《社会科学研究》2006 年第 2 期。

三　绿色经济就是经济发展的生态化

绿色经济始终把环境与生态因素作为经济发展的基础，经济持续发展的关键在于生态环境与资源的永续性。所以，绿色经济追求的不是简单重视自然资源的价值，而是从动态上强调对生态环境和自然资源的永续利用、代际公平。健康的经济发展应该建立在生态化的基础上，建立在人与自然和谐的基础上，为了使经济发展生态化，必须把技术进步作为经济发展过程的内生因素，必须重视人力资本和生态环境资本。为此，人类科学技术的发展必须以"绿色化"技术体系为基础，即科学技术的发展应服从保护生态环境的需要，理智地使用自然资源。在绿色化技术体系的支撑和带动下，使经济发展步入生态化的轨道。①

四　绿色经济是追求效率最大化的经济

绿色经济既包含了以最小的资源耗费得到最大的经济效益，只不过与传统经济学不同，是建立在绿色、健康、更有效的基础上使自然资源和生态环境得到永续利用和保护的效率最大化、利润最大化的经济；又包含了生态文明和循环经济的内容，以及以人为本，以发展经济、全面提高人民生活福利水平为核心，保障人与自然、人与环境的和谐共存，人与人之间的社会公平最大化的可持续发展内容。

绿色经济不仅包括最大限度地实现生态系统的和谐、社会系统的"以人为本"，而且还最为显著地实现着经济系统的效率最优化。作为一种超越"唯社会公平"和"唯生态主义"的经济，"绿色经济"更主要地体现着最小资源耗费与最大经济产出、清洁生产资源循环利用、用高新技术创新的生态系统的特征，因为只有效率最大化才能保证生态系统在新的条件下实现和谐或在更高的层次上实现新的和谐，也才能使社会系统的最大公平目标得以实现。②

---

①　赵斌：《关于绿色经济理论与实践的思考》，《社会科学研究》2006 年第 2 期。
②　同上。

第二节　世界绿色经济的发展趋势

2008 年，联合国环境规划署启动了全球绿色新政及"绿色经济"计划，旨在使全球领导者以及相关部门的政策制定者认识到，经济的绿色化不是增长的负担，而是增长的引擎。基本目标是在目前全球多重危机下，通过这个倡议复苏世界经济，创造就业，减少碳排放，缓解生态系统退化和水资源匮乏，最终实现消除世界极端贫困的千年发展目标。随后，绿色经济得到了 20 国峰会的支持并被写入联合声明，这标志着绿色经济的研究从学术层面走向了国际政策操作层面。

在发达国家工业革命工业化城市化进程完成后，人们发现由于生产力的急剧发展和扩张，人类生存的生态环境遭到极大的破坏。不可再生资源的浪费和过度开发利用，造成了严重的生态危机和经济危机，惨痛的教训让国际社会痛定思痛。

在欧洲，经过几十年的发展，保护环境、推进绿色经济已经成为普通百姓的自觉意识。欧洲在推进绿色经济方面走在了世界的前列。欧盟实施的是内涵最广的"绿色经济"模式，即将治理污染、发展环保产业、促进新能源开发利用、节能减排等都纳入绿色经济范畴加以扶持。在推进过程中，强调多领域的协调平衡与整合。2009 年，欧盟正式启动了整体的绿色经济发展计划，在 2013 年前投资 1050 亿欧元支持欧盟地区的"绿色经济"，促进绿色就业和经济增长，全力打造具有国际水平和全球竞争力的绿色产业，并以此作为欧盟产业及刺激经济复苏的重要支撑点，以实现促进就业和经济增长的两大目标，为欧盟在环保经济领域长期保持世界领先地位奠定基础。

德国大力实施绿色新政是以绿色能源技术革命为核心的，既以发展绿色经济作为新的增长引擎以摆脱目前的经济衰退，也谋求确立一种长期稳定增长与资源消耗、气候保护绿色关系的新经济发展模式。为此，除注重加强与欧盟工业政策的协调和国际合作之外，还计划增加国家对环保技术创新的投资，并鼓励私人投资。德国政府希望筹集公共和私人资金，建立环保和创新基金，以解决资金短缺问题。

美国发展绿色经济有着多重考虑。奥巴马的绿色新政主张对新能源进行长期开发投资，主导新一代全球产业竞争力，并提出了美国的中长期节能减排目标，绿色新政可细分为节能增效、开发新能源、应对气候变化等多个方面。

法国的绿色新政重点是发展核能和可再生能源。为了促进可持续发展，政府于 2008 年 12 月公布了一揽子旨在发展可再生能源的计划，涵盖了生物能源、太阳能、风能、地热能及水力发电等多个领域。法国政府预计，新的可再生能源计划的实施，能够在 2020 年之前创造 20 万—30 万个就业岗位。

英国把发展绿色能源放在绿色战略的首位。2009 年 7 月 15 日，英国发布了《低碳转型计划》的国家战略文件，这是迄今为止发达国家中应对气候变化最为系统的政府白皮书。从 2009 财年起，英国开始设定"碳预算"，并根据"碳预算"排放标准安排相关预算，支持应对气候变化活动，从而成为全球第一个在政府预算框架内特别设立碳排放管理规划的国家。

日本政府及执政党公布了名为"经济危机对策"的新经济刺激计划，为此，政府将向住宅和办公场合设置太阳能光板提供补贴，对购置新车时购买环保型汽车提供 10 万日元援助，以及通过购买时返还现金来普及清洁家电的使用。

韩国政府也宣布争取在 2020 年前跻身全球七大"绿色大国"之列，制订了绿色增长国家战略及五年计划，出台了应对气候变化及能源自立、创造新发展动力、改善生活质量及提升国家地位等三大推进战略。①

---

① 朱婧、孙新章、刘学敏、宋敏：《可持续发展和减贫背景下中国绿色经济战略研究》，《2011 中国可持续发展论坛 2011 年专刊（一）》。

第三节　光明新区经济发展的顶层设计

光明新区成立以来，一方面顺应国际绿色经济发展的趋势，充分借鉴国外"绿色经济"发展的成功经验；另一方面承载着打造深圳新时期重要经济增长极、探索城区发展新模式的历史重任。

为实现上述目标，按照新区党工委、管委会的统一部署，新区"十二五"期间的产业发展思路是：到 2015 年，现代产业体系初步建立，经济发展质量和效益达到全市平均水平，成为深圳新时期重要经济增长极。到 2015 年，国内生产总值超过 1000 亿元，5 年年均增长 25% 以上；人均 GDP 超过 2 万美元。

在前几年起步发展的基础上，新区进入了全面提升的关键时期。目前，外部经济发展环境依然复杂，但有利因素逐渐增多，特别是十八大确定的未来经济社会发展新思路、新目标，将进一步激发全国上下改革开放的热情，也进一步增强了新区人民加快发展的信心。

站在新的历史节点上，新区未来 5 年的发展谋划是：以邓小平理论和"三个代表"重要思想为指导，以科学发展为主题，以加快转变发展方式为主线，以改革创新为动力，牢牢把握以质取胜、以人为本、内涵发展、低碳发展等"深圳质量"的核心，全面贯彻落实党的十八届三中全会、中央经济工作会议、中央城镇化工作会议、广东省委十一届三次全会和市委五届十八次全会精神，围绕"三个定位、两个率先"总体目标和市委"三化一平台"战略部署，突出"有质量的高速增长，可持续的全面发展"理念，坚持"创新驱动、园区聚集、项目支撑"经济发展原则，坚持绿色低碳、园区集聚、大项目带动、自主创新、社会建设"五大发展战略"，大力实施经济总量翻番、产业培育倍增、城市功能提升、社会建设创新"四大计划"，努力将光明新区打造成为科学发展示范区、一体化建设先行区、高新产业聚集区、绿色低碳生态区、民生幸福和谐区。

为此，从 2013 年开始，在新的历史时期，新区将紧紧围绕着打造"经济增长极"的时代命题，以"创新提速"、"转型提质"、

"作风提效"为抓手，全面建设具有光明特色的"绿色新城"；以高新园区建设为主要平台，着力培育发展绿色产业集群；并高水平、高起点规划建设园区生产、生活配套，以一流产业引领园区建设，以一流配套促进产业发展，努力实现"园在城中、城在园中，一流园区、一流城区"。

一　发展理念

一要创新提速：就是要始终把改革创新作为新区发展的不竭动力，敢于突破常规，进一步创新理念，理顺机制，最大限度地激发"大部门"制的活力和优势，凝聚改革发展"正能量"，确保新区经济持续高速度高质量发展。

二要转型提质：就是要始终坚持质量第一，大力发展优势产业和战略性新兴产业，加快产业转型；要全面推进生态文明建设，突出核心片区开发，以此引领城市转型发展；要准确把握民生脉动，加快提升民生幸福水平，全面加快特区一体化进程。

三要作风提效：就是要始终突出实干和执行力建设，要密切联系群众，要大力弘扬新区成立之初形成的"四股气"，在重点工作中锤炼作风、锻炼队伍，燃烧激情，不断改善机关作风，提升工作效能。

二　发展原则

光明新区产业发展坚持"绿色低碳发展战略、大项目带动发展战略、产业集聚发展战略、公共配套先行发展战略"四大发展战略，努力在未来不长时间内，真正在光明新区形成深圳新的城区板块、产业板块。将突出以下原则：

一是创新发展原则。围绕创建创新型园区的目标，以知识产业为龙头，以高新技术产业为核心，引导和促进产业、技术、人才和资本等高端创新要素聚集，培育拥有自主知识产权的高新技术产业群体，带动相关产业群的发展，实现园区创新驱动发展。

二是高端化发展原则。充分利用深港合作平台，定位于产业链和价值链的高端，引进国际一流、国内领先的大项目，集中优势资源，大力培育和发展主导产业鲜明、规模化突出、带动效应明显的高端产业。

三是低碳可持续发展原则。严格执行"在保护中开发，在开发中保护"的方针，坚持统一规划、统一布局，坚持集约发展、低碳发展和可持续发展，创出一个高技术含量、高经济效益，以及资源节约型、可循环、生态化的产业发展模式，建设绿色低碳新区。

三　设计布局

一是突出产业质量，以建设国际化一流园区为目标，进一步优化产业结构，加快转型升级。大力实施"上市企业培育计划"、"龙头企业倍增计划"、"国际园区聚集计划"三大计划，突出产业国际化、服务国际化、配套国际化等核心环节，以一流国际企业打造一流国际园区，以一流国际园区聚集一流人才，探索建设国际社区。

二是全面推进专业园区建设。以大项目和产业链为重点，狠抓服务和配套。确保华星光电、旭硝子全面量产、扩大产能，积极争取华星光电二期工程尽快启动，推动美国空气动力等上下游项目尽快建设投产，进一步完善光明国际平板显示园区。全力推进广深港门户区、上市企业总部等专业园区基础设施建设，加快完善园区生活配套、商业配套。按照龙头企业与配套企业相结合、土地招商与物业招商相结合、先进制造业与总部企业相结合"三个结合"的要求，大力开展招商选资，推动上下游企业聚集。

三是全面强化支柱产业核心支撑力。围绕产业发展"333"计划，在资金、政府服务等方面，对平板显示、电子信息、互联网等重点产业予以倾斜，争取年产值10亿元以上的企业数量年内突破20家，100亿元以上企业实现零突破；全力加快新能源、新材料、生物医药、互联网、文化创意等战略性新兴产业发展，强力推动摩比科技、迈瑞、万和制药等一批重大项目建设。加快建设新区中小企业总部基地，争取引进5家至10家企业总部。确保华强、腾讯、招商局等知名项目尽快动工，推动以"文化＋科技"为内涵的新区产业跨越式发展。

四是全面推进自主创新和转型升级。实施创新型"小巨人"企业孵育工程。通过资金、政策扶持等方式，鼓励企业组建重点工程实验室、工程研究中心和企业技术中心，吸引高校、科研院所、国际知名企业在新区设立研发机构。全面实施与深圳清华研究院的战略合作协议，积极引进特色学院，提升新区产业整体研发支撑能力。进一步完善内衣、模具、钟表三大传统工业基地配套建设，促进传统产业优化调整。积极推动凤凰牛场、帝闻工业区等老旧工业区升级改造，转移淘汰落后产能。

五是全面加强企业协调服务。继续推行班子成员挂点服务企业、重大问题定期会商等制度。加强对已入驻企业的跟踪协调，督促企业按照用地协议加快开工、如期投产。制定明确目标和措施，强化服务、强化考核，推动企业总分机构注册登记在光明，确保新区利益。优化完善新区经济发展资金管理办法，扩大资金规模和扶持类别。加快理顺园区管理体制，为入园企业提供"处方式"精细化服务。

四　规划部署

一是继续着力引进和培育一批大项目、大企业，推动产业上规模、上档次。充分落实《上市企业总部园区推进实施方案》，以总部园区为主要平台，重点引进世界500强企业、跨国公司、上市企业和总部企业。着力引进一批资本密集型、带动能力强、科技含量高的高端项目，积极培育一批高成长科技型企业，加快科技企业孵化器、光电加速器、科技创新大厦、科技厂房的规划建设，吸引有潜质的中小型企业在新区设置总部，积极引导鼓励中小企业上市。

二是继续加快产业项目建设，确保项目早落户、早开工、早建成、早投产。对已投产的重点企业，促进其尽快扩大产能，实现规模化生产；对已开工的重点项目，推动其加快建设；对正在办理报建报批手续的新入驻项目，加大服务力度，争取尽快开工建设；对通过评估准备引进的高新项目，加快项目用地选址及招拍挂工作，争取早日落户。

三是继续积极促进传统优势产业转型升级，强力推进自主创新。继续抓好三大传统优势产业基地形象提升工作，推动基地公共服务平台和总部大厦尽快落地。大力发展高科技农业和旅游休闲产业，加快推进"深圳绿谷·光明花海"项目建设。进一步探索"以房招商、以房养商、以房稳商"新路子，盘活社区闲置物业，提升产业发展质量。加大落后产能转移淘汰力度。加快建设三大传统产业集聚基地总部功能区、研发中心等公共服务平台。结合新区产业特点，加快制定新一轮产业规划指引，探索建设新区未来产业园，形成产业梯队。充分发挥华强、研祥、迈瑞等行业骨干企业的集聚作用，尽快形成新一批"航母级"产业群，通过自主创新努力将新区打造成为全球一流的平板显示产业基地和全市重要的文化创意产业基地、节能环保产业基地、移动互联产业基地、生命健康产业基地。

四是继续大力发展创意产业和旅游文化产业，培育新的经济增长点。加强项目包装策划，找准培育创意产业的有效切入点，规划建设创意设计产业园。加快国家农业高科技园建设，打造现代都市农业观光旅游基地。

五是继续强化企业服务，帮助企业解决发展难题。持续开展"三为服务"、班子成员挂点服务百家重点企业等活动。加大园区统筹协调力度，进一步健全园区联席会议制度，强化部门间沟通合作，提高服务企业质量。重点加强中小微企业服务，在技术创新、品牌打造、融资贷款等方面，给予大力支持。优化完善新区经济发展资金管理办法，为战略性新兴产业发展提供良好的政策支持。

第四节　光明新区经济发展的创新成就

新区建立伊始，为推动绿色经济发展，就根据《深圳市光明新区国民经济和社会发展总体规划》和《深圳市光明新区绿色新城建设行动纲领（2009—2015）》，制订了具有光明特色的发展绿色经济的行动方案。

几年来，新区经济社会始终坚持"有质量的高速增长"，2014年完成地区生产总值632.77亿元，同比增长11%；规模以上工业总产值1512.68亿元，增长13.5%；规模以上工业增加值366.95亿元，增长13.7%；社会消费品零售总额97.81亿元，增长13%；固定资产投资 231.19 亿元，增长 11.4%；公共财政预算收入 46 亿元，增长 77.5%；国地两税收入 77 亿元，增长 23%。

新体制催生新思路，新思路带来新活力，新活力铸就"不一样的精彩"。几年来，光明新区坚持质量至上，速度第一，经济建设实现了大跨越大发展。

一　四个突破与三大跨越

四个突破：新区 GDP 突破 600 亿元，预计达到 632 亿元；固定资产投资突破 300 亿元，达到 366 亿元；规模以上工业总产值突破 1500 亿元，达到 1512 亿元；国地两税收入突破 70 亿元，达到 77 亿元。

三大跨越：经济总量的跨越。新区 GDP 由成立之初的 134.9 亿元，增长到 632 亿元，实现了"三年翻一番，五年翻两番"目标，正朝着 800 亿、1000 亿的阶段性发展目标快速迈进。发展速度的跨越。经济连续保持 25% 左右的增速，位居全市第一，固定资产投资 5 年增长近 6 倍，工业总产值、税收等其他各项主要指标均翻倍增长。发展质量的跨越。上市企业从成立之初的 4 家增至 30 家；世界 500 强由 3 家增至 13 家；企业累计专利授权量从 515 件增至 6059 件，新区产业质量明显提升。

在光明新区成立五周年之际，王荣书记、许勤市长亲自出席新区重大项目集中开工仪式，对新区 5 年发展成就予以充分肯定，称赞"光明新区的基础设施建设、生态环境保护以及城市功能等都发生了巨大变化，不仅实现了高端企业集聚，市民生活质量也得到了明显提升"。许勤市长年底到新区调研时指出："光明新区把质量放在第一位，保持了强劲发展势头，无论是经济、产业发展，还是城市建设、社会建设，成绩都很突出，尤其是经济增长速度，遥遥领先于全市，体现了新区的特点。光明新区 GDP 实现三年翻一番、五年翻两番的高速发展，已成为深圳新的区域增长极。"

二　凸显发展四大优势

一是发展速度优势。GDP 增速连续 6 年位居全市第一。GDP、规模以上工业增加值、社会消费品零售总额等指标增幅位列全市第一。规模以上工业总产值、出口总额、国地两税收入和公共财政预算收入增幅位居全市第二，发展速度优势进一步强化。

二是园区聚集优势。光明高新园区、三大产业集聚基地累计入驻企业102家。光明国际平板显示园区已聚集规模以上企业28家，构建了完整的垂直产业链。

三是龙头项目优势。一批十亿、五十亿、百亿龙头企业不断涌现。实现新区"百亿级"企业零的突破，产值10亿元以上企业达到16家。

四是产业质量优势。新一代信息技术、互联网等战略性新兴产业成为新区产业发展的主力军，全年实现产值758亿元，占新区规模以上工业总产值的62%，产业结构进一步优化。新区上市企业25家，市级以上工程中心、技术中心17个，企业累计专利授权量10258件。

三　推进专业园区建设

一是光明国际平板显示园区基本成型。光明国际平板显示园区已聚集规模以上企业24家，预计年产值238亿元，同比增长68.1%，增速是新区工业总产值的2.6倍。平板显示产业形成了以华星光电、旭硝子、莱宝高科、日东电工、华映显示等为代表的产业集群，构建了比较完整的垂直产业链，成为全国乃至全球最大的平板显示产业基地。

二是战略性新兴产业为主导的重大项目布局基本完成。新吸纳33家优质企业并通过专家评审，新区产业项目库累计已达219家。截至目前，高新园区和三大产业集聚基地共入驻企业94家（已投产40家，在建21家），预计总投资711.1亿元，达产后可实现年产值约1170亿元。

三是中小企业总部基地建设获得快速推进。出台《光明新区关于加快发展总部经济的若干措施》、《光明新区总部企业认定和专项资金管理细则》等文件。设立总部经济发展资金，重点扶持战略性新兴产业、生产性服务业总部发展，逐步形成了"上市一批、申报一批、储备一批"的良性发展格局。

四是传统产业优化升级取得明显成效。全年淘汰低端企业680家，转型268家。钟表基地被认定为国家第一批外贸转型升级示范基地。

五是商贸旅游和文化产业发展全面提速。苏宁电器、百事杰国际车城顺利开业。华润超市、吉之岛成功落户。华强文化、招商局"光明智慧城"、腾讯研发培训总部基地项目已明确选址，即将落地。文博会在光明设立活动点，成功举办了骑行文化节、内衣文化秀等专项活动。新区首家村镇银行顺利挂牌开业。绿色生态旅游加快发展，成功举办新区第六届旅游文化节，大观园获评国家3A级景区，成为新区首个国家级旅游景区。

六是自主创新能力不断提升。2012年企业专利申请量达1350件，同比增长102%，是2008年全年申请量67件的20倍。制定了《关于促进股权投资基金业发展的若干规定》。设立2500万元经济发展资金，支持和引导企业技术改造和技术创新。

四　促进高新技术发展

一是园区配套加快完善。公园路、园区18号等7条园区道路建成通车，平板显示园区人才住房正式开工。塘家等重点片区环境综合整治、三大产业集聚基地绿化提升工程全面推进。

二是转型升级不断提速。"深圳绿谷·光明花海"项目策划启动，正逐步把光明打造成深圳的"后花园"。

三是创新水平全面提升。新区留学生创业园建成开园，吸引10家创新型企业入驻，与国家超级计算深圳中心、清华大学深圳研究院签署合作协议。

四是市场活力进一步激发。全面实施商事登记制度改革，对各类市场主体实行"宽进严管"，有效释放了新区市场活力。

五是现代服务业发展势头良好。成功举办"金鹏奖"国际短片嘉年华活动和国际内衣文化创意设计展，光明农科大观园获国家3A级旅游景区授牌，第七届旅游文化节圆满成功。

第五节　光明新区经济发展的战略定位

一　提升战略纵深

光明新区经济发展的总目标：到 2015 年，力争每平方公里 GDP 达到 7.5 亿元，人均 GDP 超过 2 万美元。在经济快速增长的同时，高技术产业的比重，尤其是拥有自主知识产权的高技术产品的比重得到显著提高，新区战略性新兴产业增加值占 GDP 比重达到 58%，高技术产业增加值占 GDP 比重达到 48%，现代服务业增加值占第三产业比重达到 65%，万元 GDP 能耗累计下降 19.5%，万元 GDP 水耗达到 18.6 立方米/万元。因此，未来新区在经济发展和居民收入增长的基础上，将充分挖掘与发挥区域次中心的带动作用，提升新区发展的战略纵深。

1. 建设新型绿色工业园区

光明新区明确实施"园区聚集"战略和"大项目带动"产业发展战略，打造国内外一流高新产业园区，强力推动太阳能光伏、半导体照明、平板显示、电子信息、生物医药和优势传统产业（内衣、模具、钟表产业基地）等六大产业集群发展。

平板显示产业技术含量高，产业带动力强，是光明新区重点发展的六大产业之一。光明新区充分发挥大项目的带动效应，推动平板显示产业集群发展，大幅提升了单位产能，产生了良好的经济效益。

2. 倡导循环经济，构建绿色产业体系

在绿色发展方面，光明新区结合现有产业空间基础，以产业绿化、企业绿化、产品绿化、技术绿化"四绿化"为目标，以循环经济、自主创新为核心，大力实施产业发展"333"计划。同时，严格落户高新技术企业"绿色产业"标准，即"三高两低"：高技术、高附加值、高税收贡献与低耗能、低污染。支持鼓励企业节能降耗，推动清洁生产。

３. 大力发展文化创意产业

将"科技和文化"作为新区产业发展的内涵和本质特征，重点发展文化产品创意设计服务、创意技术研发、数字动漫、影视节目、文化旅游等文化创意产业，打造文化创意园区和特色文化产业基地，提升产业发展层级。

４. 发挥区域优势，打造绿色生态农业

积极发挥新区生态优势，大力发展以光明农科大观园为特色的观光农业等现代绿色服务业，重点扶持拥有中组部"千人计划"人才邓兴旺博士的深圳热带亚热带作物分子设计育种研究院的农业研发创新，积极打造绿色生态产业。

二　统领转型升级

纵观全球产业发展趋势，绿色、低碳产业日益受到世界各国重视，经济发达国家和地区牢牢掌握着产业链的高端环节和绿色环节，并着手控制未来战略性新兴产业的话语权；而全球产业制造环节也正大举向东南亚等综合成本更具优势的地区迁移。全球新一轮产业重整和迁移倒逼中国必须走产业转型升级之路。这给以制造业为主的光明新区带来严重挑战和压力。光明新区目前的产业主要是以平板显示、计算机等为代表的电子信息产业，且主要处于产业链的制造环节；知名企业的总部、研发基地等在新区布局较少；战略性新兴产业发展尚未形成规模；现代服务业发展滞后。所以打造"深圳绿谷"，就是要顺应全球产业发展趋势，以绿色产业导向引领新区产业转型升级。重点扶持发展节能环保、移动互联、生命健康、文化创意、生态旅游、现代服务业等绿色产业。对于平板显示、电子信息、内衣、模具等现有产业，应引导发展企业总部、研发等高端环节和绿色环节，并对制造环节进行循环化改造，最终实现新区产业高端化、生态化。

第六节　光明新区经济发展的战略谋划

新区政府自成立以来就树立"三种意识",强化"五种能力",坚持"产业第一、强化配套、加大投入"的经济发展原则,调整优化产业结构,确保经济快速健康发展,为加快建设"现代化绿色新城",实现新区跨越式大发展打下坚实基础。光明新区始终坚持产业第一,以建设国际化现代化一流园区为己任,把产业发展和园区建设作为各项工作的核心,坚持园区聚集战略和大项目带动战略,努力打造十大专业园区,重点发展"333"产业。

一　"十大专业"园区

2011年,新区出台了《光明新区打造十大专业园区的实施意见》;围绕光明国际平板显示园区、LED产业园、电子信息产业园、新能源和新材料产业园、生物医药产业园等十大专业园区的产业发展需求,加快相关配套设施建设,切实解决园区"吃饭难"、"坐车难"、"购物难"、"住房难"等实际问题。

二　"333产业"计划

新区一直坚持"产业第一,能快则快",坚持大项目带动战略,重点发展"333产业"。努力打造平板显示、LED、电子信息三大"千亿优势产业",培育太阳能光伏、生物医药、新材料三大"百亿新兴产业",提升内衣、模具、钟表三大"百亿传统产业"。

三　"文化+科技"模式

通过加强项目包装策划,找准培育创意产业的有效切入点,规划建设创意设计产业园。加快国家农业高科技园建设,打造现代都市农业观光旅游基地。继续办好旅游文化节,整合旅游资源,着力引进有实力的知名旅游文化企业,通过科技的发展不断提升新区旅游品牌影响力。

四　"招商+选资"路径

目前招商选资态势良好。中节能、飞亚达等 88 家企业申请落户。宝威亚太、华特光电等 50 多家优质企业以租赁厂房形式进驻。招商局、华侨城、中节能、深能源、凯利公司等国内著名企业与新区签署合作备忘录。华强、腾讯、市中小企业担保中心等新一批重点项目有意落户新区。产业聚集和配套能力显著增强。

1. 按照"园在城中、城在园中"发展思路，全力打造光明高新园区的全新形象

高标准规划 5.4 平方公里的"光明国际平板显示产业园"，形成集产业、研发、服务、生态于一身的"三园四区二基地"规划结构。按照"一区多园、园区聚集"的要求，以打造"现代化国际化先进高新技术产业园区"为目标，已经初步形成光明高新园区的"新特点、新标志、新形象"。

2. 积极推进重点片区开发

坚持把重点片区开发建设作为完善园区功能、提升园区形象的关键和核心，实现"园在城中、城在园中"。加快建设上市企业总部园区，力争引进不少于 30 家中小上市企业的总部、研发环节到园区集聚。

3. 加快发展现代生产性服务业

通过广深港客运专线"门户区"开发建设，积极吸引重大服务业项目落户。大力发展数据中心等后台支持功能，大力发展创意、服务外包等"2.5 产业"。积极培育和引进发展势头良好的电子商务企业，并引导第三方电子商务企业与辖区优势产业、支柱产业融合。

4. 积极促进传统优势产业转型升级

与香港生产力促进局合作要力争取得明显进展，制订企业转型升级计划和发展循环经济草案，从政策、技术、融资等层面，支持企业自主创新。加快建设三大传统产业集聚基地总部功能区、研发中心等公共服务平台。

5. 抢抓深港创新圈发展机遇，大力发展生产性服务业和高端服务业

结合新区实际，充分利用独特的生态优势和区位优势，抢抓深港创新圈发展机遇，加强与香港生产力促进局、市高新区管委会的战略合作，完善新区企业孵化体系。加快推进招商局科技企业加速器、光电企业加速器、新区科技创新中心规划建设，积极搭建自主创新平台。启动建设留学生创业园，鼓励海外留学人员自主创业。积极吸引担保、创投等风险投资机构入驻新区，实现产业资本与新区优质项目的对接。

实行有别于其他城区的"差异化"发展战略，不断落实新区与香港生产力促进局签订的框架协议，打造承接香港、辐射珠三角的生产性服务中心和总部经济服务配套区，包括（1）打造总部服务配套区；（2）打造生产性服务区；（3）积极发展商贸、物流等现代服务业；（4）促进营商环境进一步改善。

6. 积极推进社区经济转型发展

新区政府认为经济转型升级的关键是社区经济的发展。为此，新区不断加大对社区的支持力度，让社区随新区发展不断受益，共同发展。

7. 不断强化企业服务精神，帮助企业解决发展难题

根据企业发展的不同阶段，新区政府有针对性地提供"跟踪服务、贴身服务、保姆式服务"，着力解决民营科技企业在土地、融资等方面的实际困难。

五 "转型+改革"路线

1. 指导思路

十八届三中全会以后，全国掀起了新一轮的改革浪潮，而国企改革也是此次改革重点领域，光明集团紧紧围绕"3+2"产业发展战略，贯彻落实中央、省市及新区相关会议精神，推进改革工作，着力完善全产业链整合布局，带动农畜牧业的转型升级，转变经济发展方式，解决内生发展问题，提升企业核心竞争力，实现光明集团的可持续发展。

2. 责任落实

对于改革工作，光明集团按照"想改、敢于改、坚决改"的指导思路，结合实际经营状况，践行"边摸索、边实践、边推进"的工作方法，由集团主要负责人亲自抓改革项目工作的落实，亲自统筹安排工作开展，成立相应工作组织机构，明确改革工作重点，制订工作计划时间推进表，落实工作责任人，定期召开改革工作例会，全力推进集团确定各项产业转型升级和改革重点工作任务。

3. 实施方案

集团提出三个基本要求，即"始终坚持'三个导向'"、"大力弘扬'四股气'"和"正确处理'三个关系'"。改革实施方案主要聚焦在实现国有资产证券化、优化集团产业链布局两个方面，共涉及三个子公司的改制和转型升级，核心是转变集团经济增长方式。

一方面，在实现国有资产证券化方面，加快推进集团下属控股企业卫光生物股份公司上市工作。

通过集团下属优质子公司卫光生物股份公司的上市，实现新区国有资产、集团资产证券化的突破，提高资产的流动性，实现国有资本的快速增值；同时，通过上市前的准备工作，完善卫光生物的治理结构，使其按现代企业制度进行市场化运营；通过公开发行股票，募集企业发展资金，扩大公司经营规模，增强公司的核心竞争力，提高公司抗风险能力。

另一方面，在优化集团产业链整合布局方面，着力推进集团产业链向"3+2"产业发展战略靠拢，加快实现集团亏损产业转型升级。

一是推动畜牧公司发展生态物流园区。受市场疲软、经营成本高企、养殖环保压力等因素的困扰，畜牧公司亏损面不断扩大，经营举步维艰，生产难以为继。为此，集团从2013年初已提出畜牧公司本部将实施逐步缩减规模并最终完全停产的计划。并根据"3+2"产业发展战略部署，充分利用畜牧公司土地资源和地理位置优势，寻求最佳的战略投资者，打造新区一级的生态物流高端服务产业，目前正在与多家大型物流企业洽谈项目合作事宜。

二是以项目促进名景花卉公司转型升级。由于花卉产业市场前景黯淡，培育技术门槛低，无法形成核心竞争力，公司已难以再持续经营，转型升级发展迫在眉睫。集团拟以引进新项目的方式促进名景花卉公司转型升级，比如生态物流园配套项目、商务酒店、汽车 4S 店等，并按合作项目的投资情况调整股权结构。

第四章

光明新区城市建设的创新模式

自 18 世纪中叶工业革命以来，城市发展出现了本质的变化。工业革命有力地推动了城市经济的发展，却给城市带来了严重的负面影响，突出表现在当今世界城市化的加快、人口膨胀、资源短缺、环境恶化等问题严重危及人类自身安全，人们逐渐认识到城市生态系统和谐、完整的重要性。20 世纪 70 年代以来，以城市可持续发展为目标，以现代生态学的观点和方法来研究城市，逐步形成了现代意义上的生态城市理论体系。联合国教科文组织在实施"人与生物圈计划"研究计划中提出了"生态城市"这一重要概念。1990 年在美国加利福尼亚伯克利城召开了第一届国际生态城市会议。目前，"国内外许多城市把生态城市作为城市发展的目标，如国外的法兰克福市、罗马市、莫斯科市、华盛顿市、悉尼市等，再如国内的大连、厦门、杭州、苏州、威海、扬州等。各城市由于具有不同经济基础、自然环境和地理位置，采取的措施既有相似之处，也各有侧重、各具特点"①。

第一节　"生态城市"的概念

"生态城市"是在联合国教科文组织发起的"人与生物圈

---

① 屠梅曾、赵旭：《生态城市——城市发展的大趋势》，《经济日报》1999 年 4 月 8 日第 16 版。

（MAB）"计划研究过程中提出的一个概念。它的内涵随着社会和科技的发展，不断得到充实和完善。"生态城市现已超越了保护环境即城市建设与环境保持协调的层次，融合了社会、文化、历史、经济等因素，向更加全面的方向发展，体现的是一种广义的生态观。"①

　　建设生态城市是人类保护自身赖以生存环境的客观需要，是社会经济和现代科学技术发展的必然结果，是实现全人类持续发展的必然选择。建设生态城市的总体目标是实现人与自然的高度和谐。因此，生态城市创建标准应从社会生态、经济生态、自然生态三方面来确定。一般认为要满足以下要求：

　　（1）保护并高效利用一切自然资源与能源，产业结构合理，实现清洁生产。

　　（2）采用可持续的消费发展模式，实施文明消费，物质、能量利用率及循环利用率高，消费效益高。

　　（3）对城市性质准确定位，积极引导生态城市建设。城市建设和管理的决策者只有准确把握城市的性质，才能做到方向明、思路清、决策准、措施硬，才能更好地建设生态城市。

　　（4）生态建筑得到广泛应用，有宜人的建筑空间环境。

　　（5）保持和继承文化遗产并尊重居民的各种文化和生活特性。

　　（6）有完善的社会设施和基础设施，生活质量高。

　　（7）人工环境与自然环境相融合，环境质量高，符合生态平衡的要求。

　　（8）居民的身心健康、生活满意度高，有一个平等、宽松、公正的社会环境。②

　　（9）注重形象设计，塑造城市特色。"城市设计是结合城市实际，充分挖掘城市文化内涵与底蕴，对城市的门口、窗口、重点街

---

　　①　曹凤中等：《当代热点——建设可持续发展城市》，《环境科学动态》1997 年第 4 期，第 5—8 页。
　　②　黄光宇、陈勇：《生态城市概念及其规划设计方法研究》，《城市规划》1997 年第 6 期。

区、城市广场等城市空间进行艺术创造和技术处理。"①

（10）居民有自觉的生态意识（包括资源意识、环境意识、可持续发展意识等）和环境道德观，倡导生态价值观、生态哲学和生态伦理。

（11）建立完善的动态的生态调控管理与决策系统，有组织、自调节能力强。

以上11个方面，说明了生态城市的社会生态、经济生态和自然生态三个方面互相联系和相互制约的内容，从不同侧面反映了生态城市的建设目标和价值取向。

第二节　生态城市建设的理论依据

生态城市建设的理论依据，主要有城市生态学理论、城市可持续发展理论和城市生态规划理论等。

一　城市生态学理论

城市生态学起源于20世纪20—30年代芝加哥学派的城市社会学研究，复兴于60—70年代的环境和资源危机引起的系统生态学研究，繁荣于80—90年代的全球变化和可持续发展研究；尤其是近年来，随着城市化现象的加剧，各种城市问题愈趋严重，这些问题的解决，必然要从全面的观点出发，采取综合性措施。城市生态学理论正是在这样的历史条件下，受到环境科学、生态学、计算机科学以及耗散论、突变论、协同论等所谓的"新三论"学科的有力支持，逐渐形成并不断完善的一种新理论。归纳起来，城市生态学理论主要包含以下要点。

首先，城市生态学理论把城市看作一个由自然、经济和社会复

---

① 潘贵仁：《努力创建生态城市》，《唐山劳动日报》，2003年7月28日；谢文蕙、邓卫：《城市经济学》，清华大学出版社1996年版。

合而成的人工化的生态系统①，它不仅包括了生物和非生物因素，还包括了人类和社会经济要素，这些要素通过物质能量的生产代谢、生物化学循环，以及资源供需及废物处理系统，形成一个内在联系的统一整体。

其次，城市生态学理论认为城市生态系统具有不同于自然生态系统的一系列特点，② 即（1）以人为主体；（2）具有自我驯化的特点；（3）系统容量大、流量大、密度高、运转快，且具有高度开放性；（4）具有多层次性，各层次子系统的内部，都有自己的能量流、物质流和信息流，各层次之间又相互联系，构成一个不可分割的有机整体。

最后，城市生态学理论认为，"欲使城市这个复合生态系统能协调持续发展，必须使得系统中的各种关系以及整体都要符合生态原则，遵照生态规律动作"③。从系统的"流"来看，应保持各种流（物流、能流、信息流）的连续与畅通，使得物质的输入和输出保持平衡。如果物质输入过多，输出较少，多数的物质将释放到环境中或滞留在系统中，形成严重的污染问题；如果物质输出过多，而投入较少，将形成严重的生态耗竭问题。从"网"的方面来看，城市是一个通过各种复杂的物理网络、管理网络、交通网络以及产业结构、产品结构、产业布局、土地利用格局和居民点等交织而成的超维人文空间。它们在系统中的关系是网式而非链式的。因此，要使城市生态系统持续发展，必须使城市系统中不论微观的、局部的结构布局，还是宏观的、整体的结构布局都应合理，避免条块分割的链式规划。从"序"即城市的功能方面来看，一个和谐的城市生态系统必须具备良好的生产、生活和还原缓冲功能，具备自组织、自催化的竞争序，以主导城市的发展，以及自调节、自抑制的共生序保证城市的持续与稳定。而这一切的关键取决于人的经营、管理和控制行为。因此，城市生态系统的可持续发展必须有既符合经济规

---

① 王先进主编：《生态环境保护与依法治理实务全书》（上卷），民族出版社1994年版。
② 赵旭：《生态城市的可持续发展机制》，《科技导报》1999年第12期，第55—57页。
③ 杨小波、吴庆书：《城市生态学》，科学出版社2000年版。

律又符合生态规律的法制、法规，行之有效的行政管理体制和机制，以及完善的监督体系。

因此，"在城市生态系统理论指导下的生态城市建设目标和方向和传统的城市建设目标和方向有所不同。传统的城市建设目标，只追求经济发展速度，而忽视经济增长的质量，只注重经济效益，而忽视社会效益和生态效益，结果造成人与人之间的隔离，而在城市生态学理论指导下的城市建设目标，应倡导人与人之间的亲近、人与自然之间的和谐，它不仅注重经济建设，而且注重社会文化建设和环境建设，它追求的是三者之间的和谐共生发展"。①

二　城市可持续发展理论

城市可持续发展理论是可持续发展理论在城市领域的应用，这是一种崭新的城市发展观，是在充分认识到城市在其发展历史中的各种"城市病"及原因的基础上，寻找到的一种新的城市发展模式，即它在强调社会进步和经济增长的重要性的同时，更加注重城市质量的不断提高，包括城市的环境质量、城市生态结构质量、城市建筑的美学质量、城市的精神文明氛围质量等方面，最终实现城市社会、经济生态环境的均衡发展。城市可持续发展内涵丰富，同时又具有层次性、区域性等特征，它至少包含以下几个方面的内容：

（1）城市可持续发展具有时空性，在不同的发展阶段，不同区域，城市可持续发展具有不同的内容和要求；不仅要满足当代人、本城市的发展要求，还要满足后代人、其他地区发展要求。

（2）主要通过限制、调整、重组、优化城市系统的结构和功能，使其物质流、能量流、信息流得以永续利用，并借助一定的城市发展、经济社会发展战略来实施，其中城市政府是推动城市可持续发展的首要力量。

（3）具体表现为城市经济增长速度快，经济发展质量好，市容环境美观，生态环境状况良好，人民生活水平高，社会治安秩序优，抵御自然灾害能力强。

---

① 刘贵利：《城市生态规划理论与方法》，东南大学出版社 2002 年版。

（4）强调人口、资源、环境、经济、社会之间的相互协调，其中环境可持续发展是基础，经济可持续发展是前提，资源可持续发展是保障，社会可持续发展是目的。

（5）"就宏观而言，是指一个地区的城市在数量上的持续增长，最终实现城乡一体化；就微观而言，是指城市在规模（人口、用地、生产等）、结构、功能等方面的持续变化与扩大，以实现城市的持续发展。"①

从城市可持续发展理论的内涵可以看到，它与我们所要建设的生态城市的要求在本质上是一致的，因此生态城市建设一定要遵从城市可持续发展理论。

三　城市生态规划理论

城市生态规划是城市规划的一部分，"是以生态学的理论为指导，对城市的社会、经济、技术和生态环境进行全面的综合规划，以便充分有效和科学合理地利用各种资源条件，促进城市生态系统的良性循环，使社会经济能够持续稳定地发展，为城市居民创造舒适、优美、清洁、安全的生产和生活环境"②。

"城市生态规划是运用系统分析手段、生态经济学知识和各种社会、自然、信息、经验，规划、调节和改造城市各种复杂的系统关系，在城市现有的各种有利和不利条件下寻找扩大效益，减少风险的可行性对策所进行的规划。包括界定问题、辨识组分及其关系、适宜度分析、行为模拟、方案选择、可行性分析、运行跟踪及效果评审等步骤。"③

城市生态规划致力于城市各要素间生态关系的构建及维持，城市生态规划的目标强调城市生态平衡与生态发展，并认为城市现代化与城市可持续发展亦依赖于城市生态平衡与城市生态发展。

---

①　陈易：《城市建设中的可持续发展理论》，同济大学出版社 2003 年版；马世骏、王如松：《社会—经济—自然复合生态系统》，《生态学报》1984 年第 4 卷第 1 期，第 1—9 页。

②　杨琨超：《城市现代化——规划、扩建与基础设施更新实用手册》，安徽文化音像出版社 2003 年版，第 10 页。

③　毛峰、马强：《城市生态环境规划的原理与模拟探析》，北京大学出版社 2002 年版。

城市生态规划首先强调协调性，即强调经济、人口、资源、环境的协调发展，这是规划的核心所在；其次强调区域性，这是因为生态问题的发生、发展及解决都离不开一定区域，生态规划是以特定的区域为依据，设计人工化环境在区域内的布局和利用；最后强调层次性，城市生态系统是个庞大的网状、多级、多层次的大系统，从而决定其规划有明显的层次性。因此，城市生态规划理论应成为生态城市建设的理论依据。

第三节　国际生态文明城市的建设

继《寂静的春天》敲响环境危机的警钟，探索人类发展"另外的道路"后，"生态环境问题越来越引起全世界的关注。1972 年，罗马俱乐部出版的研究报告《增长的极限》强调了资源承载力的有限性"。[①] 同年，在斯德哥尔摩召开的联合国人类环境会议全体会议发表了《人类环境宣言》，"指出了人类保护环境的义务，坚定了人类与自然和谐相处的决心。1983 年，联合国成立了世界环境与发展委员会，研究应对世界面临的环境发展问题的战略措施，在 1987 年发表了《我们共同的未来》"[②]，"可持续发展"概念应运而生，"把以往单纯考虑环境保护引导到把人类发展与环境保护相结合，探索人与自然和谐发展的新型道路上来，实现了对卡逊'另外的道路'的回应，是人类进行生态文明建设的指导性文件"[③]。"1992 年，联合国环境与发展大会发表了《21 世纪议程》"[④]，这份纲领性文件的发表标志着环境与发展密不可分已成为全世界的共识，"可持续发展理念被广为接受，实现了处理环境与发展问题的历史性飞跃，是世

---

① [美] 丹尼斯·米都斯等：《增长的极限》，李宝恒译，吉林人民出版社 1997 年版。

② 《世界环境与发展委员会·我们共同的未来》，王之佳、柯金良等译，吉林人民出版社 2004 年版。

③ 王玉玲：《生态文明的背景、内涵及实现途径》，《经济与社会发展》2008 年第 9 期，第 36—39 页。

④ 《21 世纪议程》，国家环境保护局译，中国环境科学出版社 1993 年版。

界范围内可持续发展的行动计划与蓝图"①。2002 年 8 月，可持续发展世界首脑会议在南非通过了《可持续发展执行计划》，"该计划是对可持续发展认识的进一步深化，明确了环境保护与社会进步、经济发展三者紧密联系、互相促进，是可持续发展的三大支柱"②，有力地推进了可持续发展的实施。在这一系列研究成果的指导下，"世界上越来越多的国家积极投入到了开展城市生态文明化进程的实践中来，目前，国外生态文明建设的重点主要是在节能环保领域"③，如美国的克里夫兰、德国的埃尔兰根、印度的班加罗尔等城市，按照生态环保理念进行规划和建设，取得了明显成效。

第四节　光明新区城市建设的创新理念：前瞻、科学、低碳

光明新区作为深圳重要的城市副中心，具有城市发展的后发优势，在充分借鉴其他国家在生态城市发展的先进经验的基础上，坚持以建设"生态城市"为目标，注重绿色规划引领，发展可持续性，强化基础建设，提升管理水平。新区城市形态日新月异，发展空间不断拓展，城市功能显著完善，市容环境有效提升，生态城市初显雏形。

自成立以来，新区始终坚持以科学规划引领城市发展。在规划过程中，强调协调性、区域性、层次性，在城市现有的各种条件下不断探寻扩大效益、减少风险的可行性对策。积极发挥规划对城市建设的先导和统筹作用，充分借鉴国内外城市规划经验，继承深圳城市组团式发展的成果，科学编制《光明新区规划》。不断完善城区规划体系，加强各层次、各领域规划的协调性，有效提升城市设计、

---

① Julian Simon, *The Ultimate Resource*, New Jersey: Princeton University Press, 1981, p. 20.

② William Ophuls, *Ecology and the politics of Scarcity*, San Francisco: W. H. Freeman and Company, 1973, pp. 22–23.

③ 刘思华：《生态文明与可持续发展问题的再探讨》，《东南学术》2002 年第 6 期，第 60—66 页。

公共设施规划和重点片区专项规划，着力打造空间结构合理、城市和产业分工明确、经济社会发展与资源环境相协调的现代化新城。

自成立以来，新区始终坚持以绿色开发塑造城市形态。把城市看作一个由大自然、经济和社会复合而成的人工化的生态系统并保持协调可持续发展，遵照生态规律，不仅注重经济建设，而且注重社会文化和环境建设，突出绿色生态优势，率先制定绿色建筑实施导则，率先实施市政道路建设低冲击开发模式，率先规模化建设综合管沟，着力打造国家绿色建筑示范区和低冲击开发雨水综合利用示范区。大力推进"整体拆迁、统建上楼"，提高土地资源集约节约利用水平。创新城市更新模式，加快推进城市发展单元建设，有效整合空间资源，切实增强城市集聚和辐射能力。

6年来，新区始终坚持以交通发展完善城市功能。加快道路设施建设，基本形成"九纵八横"路网。优化调整新区公交线网，加强公交枢纽及站点布局，建设集约、立体、生态型公共交通，公交站点500米覆盖率由46.3%提升至75%。不断完善慢行交通设施，建成70公里城市绿道和社区绿道，实现三级绿道的互联互通。建成并运营广深港客运专线光明城站，新区迈进高铁时代。

自成立以来，新区始终坚持以土地整备支撑城市建设。充分利用新区土地资源储备丰富的优势，以土地利用规划、城市规划为导向，以满足重点地区发展和重大项目、基础设施建设需求为目标，强力推进土地整备，不断拓展城市发展空间。按照整备、查违、管理三同步的原则，创新土地整备模式，落实查违共同责任，强化土地后续管理，为新区城市发展提供可靠的空间保障。

自成立以来，新区始终坚持以精细化管理提升城市品质。在充分认识到城市在其发展历程中的可能遇到的各种"城市病"及原因的基础上，总结出一种具有光明特色的城市发展模式：在强调社会进步和经济增长的重要性的同时，更加注重城市内涵与质量的提升。坚持管理提升品质、服务促进发展的理念，加强环境卫生基础设施建设，引入市场竞争机制，实现市政设施管养市场化、专业化。以大运会为契机，按照"办赛事、办城市"理念，大力实施市容环境提升工程，加强绿化美化，不断提升新区城市形象。创新城市管理手段，打造数字化城管平台，形成"发现问题、处理问题、反馈回复、绩效评价"的完整数字化链条，有效提升城市管理效能。

一　前瞻思维：力促转型发展

自成立以来，光明规划国土部门在全市规划国土工作的整体部署下，紧紧围绕新区发展的整体思路与安排，充分发挥规划国土业务的战略先导、保障服务作用，全力以赴推进新区跨越发展。自成立以来，光明新区逐渐从一个农场、农村的落后地区，从一个主要依赖低端产业的"大工业园区"，转型为一个绿色生态与开发建设有机融合、城市功能与产业功能相互促进的现代化绿色新城。

1. 规划指引实现"三个全市第一"

组织制定全市第一个绿色城市分区规划。新区自成立之后，在前期规划储备的基础上进一步整合提升，组织制定了光明新区分区规划，明确了坚持低碳生态理念，以科技创新为支撑，以科学规划为先导，基础设施先行，打造"现代化绿色新城"的总体目标，全面开启了一座绿色城市的光明之路。从而，分区规划作为聚集资源的手段，为新区大规模建设、高速度发展提供了有力支撑。

着力打造全市第一个低碳生态示范新区。紧紧抓住住房和城乡建设部与深圳市政府签署"共建国家低碳生态示范市"合作框架协议的机遇，积极探索低碳生态城市建设和低碳生态技术应用研发工作，为深圳创建全国低碳生态城市发挥先行示范作用。率先规模化推进"共同沟"建设，率先倡导低冲击开发模式，率先推进再生水利用和雨水综合利用，"低碳光明"正在成为新区一张闪亮的名片。

推进建设全市第一个绿色建筑试点区。当前，新区已经成为全国已评定和在建绿色建筑最多、最大的绿色建筑示范区。率先提出绿色建筑示范区基本概念，率先编制绿色建筑示范区专项规划，率先在政府投资项目尤其是保障性住房建设方面推广绿色建筑标准，政府投资项目（含保障性住房、公共配套设施等）、城市更新项目、"两明"中心区、高新技术产业园区及重点路段和景观节点的社会投资项目100%按绿色建筑标准建设。

2. 空间结构实现"三个优化"

围绕现代化绿色城市建设，运用规划与土地管理手段，大力塑造新区组团化空间结构。一是基本农田向基本生态控制线内集中。以优化调整基本生态控制线为手段，逐步加大基本农田调整力度，将新区基本农田调整到基本生态控制线内。并以贯穿新区的15公里绿道建设为契机，完善新区绿道网系统，逐步建立舒适宜人的绿化环境，实现"把乡野引入城市，把市民送到田园"。二是工业用地向园区集中。围绕光明国际平板显示园区、电子信息产业园、新能源和新材料产业园等重点产业园区，通过规划手段推进园区外工业用地向园区内集中。通过保障华星光电、旭硝子等重大产业项目用地需求，加强园区公共服务平台和配套设施用地供应，逐步提升产业园区功能。三是居住用地向小区集中。推动原村民居住从原农村形态分散居住向现代化社区集中居住转变，在光明中心区等片区出让多块居住用地，建设现代化居住社区，提升新区的居住环境与品质。

3. 集约用地实现"四个提高"

自成立以来，光明新区以有限土地承接高新技术产业、战略型新兴产业等发展，城市土地利用的质量和效益不断提高。新区单位用地 GDP 从 2007 年的 0.86 亿元/平方公里提高到 2011 年的 2.44 亿元/平方公里，土地使用效率不断提高；单位用地工业总产值从 2.52 亿元/平方公里提高到 5.26 亿元/平方公里，工业企业质量不断提高；固定资产投资密度从 0.23 亿元/平方公里提高到 0.9 亿元/平方公里，城市基础设施水平不断提高；单位用地税收水平从 0.1 亿元/平方公里提高到 0.22 亿元/平方公里，公共服务的财政保障能力不断增强。

4. 土地保障实现"四个突破"

光明规划国土工作立足于服务新区发展大局，着力于保障新区重大产业、重大设施项目土地供应，自成立以来实现了"四个突破"：一是公明 1500 亩土地历史遗留问题的解决取得突破。公明 1500 亩土地历史遗留问题是困扰新区发展，影响新区重大产业项目、公益型设施项目用地落实的老大难问题。在新区管委会和市规划国土委的共同努力下，提出了该土地历史遗留问题的处理方案，为新区的持续发展奠定了基础。二是光明集团土地确权问题取得突破。光明集团土地确权问题事关华侨农场改革和发展，是光明新区城市建设和社会发展的大事。在市委市政府的高度重视与推动下，本着尊重历史、实事求是的原则，光明规划国土部门完成了光明集团土地的存量情况、征转情况、确权情况、规划情况的核查，起草的《原光明华侨畜牧场土地房产历史遗留问题处理方案》获得了市政府批准实施。三是土地整备工作取得新突破。自 2011 年全市土地整备工作启动以来，解决了困扰新区发展多年的各类拆迁补偿问题，提出了该项目土地征收的处理方案，有效保障新区重大产业项目和公共配套建设的用地需求。四是城市更新工作取得突破。编制完成《光明新区城市更新单元规划研究及近期策略指引》，积极推进城市更新计划审查及协调更新单元规划编制，为新区城市面貌营造、城市形态打造创造了条件。

5. 重大项目建设实现"三个跨越"

光明规划国土部门围绕重大项目建设，全力以赴保障重大项目落地，突破带动新区跨越发展。一是协调推动南光快速建设，新区高快速路网实现跨越式发展。继龙大快速路之后，南光快速路的开通为新区往南连接香港、往北连接珠三角提供了快捷通道，新区进一步融入深圳市和珠三角的高快速路网中。二是协调推进广深港客运专线和光明城站建设，高铁建设实现跨越式发展。广深港客运专线的开通把新区发展带入了高铁时代，新区逐步融入更广的经济体系中，极大提升了新区的区位价值。光明城站周边的土地开发价值极大提升，通过提升高铁站点周边的规划定位，新区的城市功能将持续提升。三是协调落实华星光电等一批重大产业项目用地，新区产业功能实现跨越式发展。围绕重大产业项目的用地需求，创新方法、多方协调、主动服务，实现了华星光电、高世代—TFT 等一批高新技术产业项目和新能源与新材料项目安家落户到光明，为新区的全面与可持续发展打下了坚实基础。

二　科学思维：推动协调发展

自成立以来，规划国土管理工作主要着力于搭骨架、打基础。

未来，光明规划国土工作将紧紧围绕光明新区"一城两轮"的发展设想，通过城市规划、土地管理和房地产市场调控等综合性手段，在实施层面上下功夫，提升园区配套，完善城市功能，全力打造现代化绿色新城的城市形态，进一步提升新区的服务与辐射能力，推动新区的跨越式科学发展。

1. 实施生态战略，打造绿色"三宝"

光明新区的老三宝是"乳鸽、玉米、牛初乳"。未来，我们将通过城市规划和土地管理的手段，沿着低碳生态城市的发展路径，充分挖掘新区的优质资源，着力打造"山、水、田"的绿色"三宝"，擦亮新区新时期的发展名片，在全市，甚至珠三角全面树立绿色新城的城市形象。光明的山、水、田是深圳当前城市发展的稀缺资源。通过提升荔枝山、中央公园柴山等自然山体的文化内涵和设施便利度，结合城市绿道，突出"山"的主题；通过打造茅洲河一河两岸、公明水库等重点水资源、水文化和水项目的品牌和都市休闲功能，凸显"水"的主题；通过1.7万亩基本农田的都市休闲化利用，打造国家级生态科技农业区，打响科技农业、生态农业、休闲农业的品牌，为都市人口回归农业田园提供心灵栖息地，凸显"田"的主题。

2. 实施绿色新城战略，打造宜居城区

围绕现代化绿色新城建设，以特区一体化发展为契机，持续提升新区生活宜居水平。坚持民生、民本的原则，持续加强教育、卫生等公共服务设施的绿色建筑规划建设；逐步在全区范围内推广市政道路低冲击模式；以场站建设为重点，推进绿色公交超前、优先发展；加大茅洲河环境治理力度，持续提升新区水环境质量；积极做好新区重要公共基础设施、重点配套设施项目的土地保障，加快保障性住房土地供应，打造生态怡人、环境优良、低碳环保、设施便利的现代化宜居城区。

3. 实施综合开发战略，全力推进三个发展单元开发建设

为了适应存量土地开发的需要，协调土地利益，提升土地利用的质量与档次，综合开发是未来深圳城市发展的必然趋势，城市发展单元制度是顺应这种发展需求的必然之举。依托城市发展单元制

度，大力推进广深港高铁光明城站门户区、国际平板显示园和光明中心区城市发展单元试点工作，推动三个发展单元规划的审批和实施。根据规划大纲建议的开发模式和时序，尽快启动相关地块的出让程序；主动开展道路及基础设施的建设，以配合门户区、重点产业园区和光明中心区的开发，迅速形成新区跨越式发展的示范和带动效应。

4. 实施改革创新战略，破解新区发展难题

当前，土地问题是困扰新区发展的难题之一。在全市土地管理工作的整体部署下，只有通过不断的改革创新才能为新区发展提供源源不断的动力。一是加快推进土地整备。未来几年是新区土地整备的黄金时期，要全力以赴推进土地整备工作，确保重大项目和战略性新兴产业顺利落地，从根本上扭转土地储备滞后制约新区产业发展和新城建设的被动局面。二是继续加强城市更新。以城市规划为依据，以促进产业升级和城市功能完善为导向，加大政策创新和支持力度，重点推进旧工业区升级改造。三是着力探索基层土地管理的"光明模式"。以全市土地管理制度改革综合试点为契机，立足新区实际，着力基层探索，按照深度城市化、特区一体化、土地管理全覆盖和实现政府、社区、社会、居民多方共赢的总体目标，以权属清晰、边界清楚、流转有序、高效利用为原则，重点打造社区统筹、规划引导、整体开发、试点推进的土地管理"光明模式"，以"激发正能量，树立好形象，服务新家园"为理念，从体制、机制、制度和管理方面大胆创新，探索推出国有土地监管"五联动"、"四举措"、"三加强"、"两手段"新模式，有力促进了辖区城市发展环境的改善，从根本上破除新区跨越发展、社区转型发展的难题。

三　低碳思维：保障持续发展

光明新区绿色发展的设计原则和理念，开启了深圳建设国家第一个"低碳生态示范市"之路。在三个片区的发展单元规划中，强化"绿色理想"控制之"度"，分别通过协商开发主体诉求、适度增加规划弹性、落实"绿色理念"指标化、在总量控制的前提下适度调整部分用地指标和用地功能等方式，充分激活土地市场，提升

市场积极性、实现可实时性。

　　光明中心区根据市场需求预测，调整用地配比，配合开发时序，充分利用最优质的空间资源，增加经营性用地，提升主要用地企业参与中心区建设热情，打造实施性强的"低碳生态示范"新城区。

第五节　光明新区城市建设的创新案例：生态、绿色、安全

　　自成立以来，光明新区全方位、立体式推进生态文明示范城区建设，绿色生态之路越走越宽广。2008 年第四届"绿博会"上，光明新区成为首个国家绿色建筑示范区之一；2011 年，被评为全国首批低冲击开发雨水综合利用示范区；2012 年在第九届"绿博会"上，获得"国家绿色生态示范城区"授牌，成为全国唯一集三块"国字号"招牌于一身的城区，实现了从华侨农场到"国家生态示范城区"的巨大转变。这主要得益于以下几个方面。

　　一是确定绿色发展战略。为了突破深圳 30 年高速发展后遇到的政策、空间、资源瓶颈，新区成立之初，便以新加坡、香港等先进城市为标杆，确立了"现代化绿色新城"的建设目标，用全球视野、世界眼光，实现人与自然的和谐发展、经济发展与民生净福利同步上升、区域发展与世界潮流充分接轨，把光明新区建设成为落实科学发展观的典范地区。

　　二是开展高标准规划。自新区成立后，委托中国社科院城市发展与环境研究中心完成了绿色新城建设纲要和实施方案研究课题，将新区的规划定位从卫星城提升到城市副中心，并编制出台了《光明新区绿色新城建设行动纲领和行动方案》1+6 文件。同时，委托中规院、新加坡邦城等国内外知名规划咨询机构，高标准编制完成了《光明新区规划》、《土地利用规划》、《城市更新规划》、《绿色建筑示范区建设专项规划》、《慢行交通专项规划》、《再生水及雨洪利用详细规划》、《市政共同沟详细规划》等 40 多个专项规划，并创新规划思路和方法，采用国际咨询、方案竞赛等方式，完成了中心区城市设计、中央公园设计、门户区发展单元规划等高水平的规

划成果。

2012年11月19日，全国首个将绿色建筑星级要求落实到地块的《深圳市光明新区绿色建筑示范区建设专项规划》（以下简称《规划》）正式发布实施。《规划》结合光明新区建设现状、既有规划，创新性采用生态基底、建设方式、区位条件、用地性质等"四因素"评价方法，科学确定每个地块的绿色建筑星级标准，创新性地绘制了覆盖全区域的绿色建筑空间布局图。《规划》以实现城市建设领域的三大规划目标"安全光明、健康光明、高效光明"为基石，以绿色建筑空间规划为核心，以绿色交通市政为配套，以协同建设为辅助，以全寿命周期为重点，形成完善的绿色建筑示范区建设体系发展框架。

三是突出生态体系建设。光明新区具有十分丰富的土地和生态资源，我们在辖区内划定了生态控制线，生态控制用地面积占新区总面积的53%，形成明显的城市边界。在发展理念方面，突出生态环境的核心价值，严守不以牺牲环境为代价发展经济的"铁律"，坚持铁线保护、铁腕治污。与此同时，加强生态规划，注重自然生态建设。提高人均公共绿地面积以及建成区绿化覆盖率，建立山地森林体系、生态廊道体系、生态园林体系、均衡绿地体系，融自然于城市之中。构建纵横连接的自然网络，形成绿地与城市的有机渗透、过渡与融合，整合现有生态绿地，构建光明新区独特的生态体系。

四是坚持功能分区、动静分离。对静区，即重要生态功能区，加以重点管理和维护，停止一切导致生态功能退化的开发活动和其他人为破坏活动。对动区，即重点开发区，重点发展绿色产业、高新技术产业，形成就业、居住、生活就地平衡，在空间上培育多种优势群簇有机联系。同时，强调各功能区相互融合，采用TOD开发模式，结合轨道交通、公交及慢行系统进行高强度节点开发、低密度组团开发，构建宜人的居住尺度空间。

一　生态案例：国家绿色生态示范区

当前我国正处于工业化、城镇化、信息化和农业现代化快速发展的历史时期，人口、资源、环境的压力日益凸显。建设绿色生态城区不仅是转变我国建筑业发展方式和城乡建设模式的重大问题，也直接关系着群众的切实利益和国家的长远利益。光明新区 2012 年10 月被确定为全国首批 8 个 "绿色生态示范城市" 之一，获得财政部、住建部绿色生态示范城区补助资金 5000 万元。

光明新区国家绿色生态示范区建设的总体目标：一是全面完成国家财政部、住建部对国家绿色生态示范城区建设的要求；二是为深圳市推广绿色建筑、建设绿色建筑之都和创建低碳生态示范市做出贡献；三是先行先试，为国家绿色建筑的全面发展做好政策、标准和技术的试验。

为实现生态环境的有效保护和自然资源的可持续利用，确保光明新区社会、经济与生态环境的协调发展，建设绿色生态环境，根据《深圳市光明新区绿色新城建设行动纲领（2009—2015）》，制订了《光明新区建设绿色新城生态环境的行动方案》，坚持以科学发展观为统领，以营造 "干净的水环境；清新的空气环境；宁静的声环境；安全、再生的固废处置环境" 为总体要求，充分利用光明新区良好的生态环境和自然资源，重点保护生态绿地资源，合理利用河流水系，建立完整的生态框架、连续的生态廊道、系统化网络化的绿地系统、丰富多彩的生物多样性体系，构筑与城市空间有机契合、特色鲜明的绿色生态格局。

自成立以来，光明新区始终将贯彻落实党的十八大精神，把生态文明作为当前发展的总要求，以国家绿色生态示范城区建设为契机，探索符合可持续发展的生态型、循环型、资源节约型的新型城镇发展模式。一是提升目标针对性。通过进行国内外先进新城建设工作对比分析，并根据国家生态文明建设新的历史时期战略要求及国家相关部委《国家绿色生态城区指标体系》的要求，提升光明新区国家绿色生态示范城区建设目标与远景，完善光明新区国家绿色生态示范区建设指标体系。二是完善规划体系。根据光明新区国家绿色生态示范区建设目标，总结成效，完善不足。对比住建部《国家绿色生态城区规划技术导则》，梳理既有规划成果及其技术体系，在绿色生态方面完善既有规划，明确后续专项规划、单元规划的编制要求，在满足示范目标的同时，实现各项规划的统一性和建设的整体性。三是健全实施体系。根据新的目标和现状分析，进行国家绿色生态示范城区建设与运营维护的技术统筹与策划，先后出台《光明新区国家绿色生态示范城区建设实施方案》、《光明新区国家绿色生态示范城区建设管理规定》和《光明新区国家绿色生态示范区专项资金管理办法》等政策性文件，明确国家绿色生态示范城区建设的工作内容、工作要求、工作机制、责任主体、实施路径、组织管理、绩效考核、激励机制等内容。四是无缝管理链接。光明新区2013—2014年计划实施的绿色建筑项目共20个，总投资约122亿元，总建筑面积约240万平方米。对项目从规划、土地出让、设计、施工、运营维护等全过程进行技术管理，使绿色生态理念切实落实到城市建设与运营维护的具体工作中，以实现光明新区国家绿色生态示范区的目标与愿景。五是开展技术集成研究。综合考虑华南地区气候特点，光明新区工业建筑、保障性住房占较大比重的特点，开展本土化被动式绿色生态城区建设适宜技术研究，形成以被动式技术为主、主动式技术为辅的绿色生态城区建设适宜技术集成体系。六是完善管控平台。建立光明新区城市模型，全过程、全时空动态地监控和展示市政建设、园区建设、建筑建设的变化情况，同时将城市规划、土地出让、项目设计、工程施工、项目运营等全过程的行政监管信息等融入平台，作为国家绿色生态示范城区建设行政监管的综合管理平台。

在主要任务和措施方面，新区坚持：（1）严格生态控制线的管理。对基本生态控制线实行严格管理，设立生态线边界标志，将"铁线"落到实处；严厉打击违法占地和违法抢建行为，遏制生态控制线内的违法建筑。（2）加强城市蓝线管理。（3）实施一级水源保护区封闭管理。（4）加强生物多样性保护。（5）加强生态保护建设。以保护自然生态为主，在现有生态体系基础上建设城市公园、森林公园及郊野公园。（6）构建生态安全格局，形成生态廊道。（7）开展绿地系统规划和建设。（8）实施采石场及山体缺口生态修复。（9）水源涵养林建设工程。（10）加快推进茅洲河流域水环境综合整治工程。（11）加快污水处理厂建设。（12）推进污水处理厂配套管网建设。（13）实施原水工程建设。（14）推进雨洪综合利用工程，充分利用雨洪资源，扩大水资源战略储备，采用入渗、调蓄、收集回用等措施，对河道雨洪、城区雨洪等雨水资源进行保护和利用。（15）推广使用再生水，与污水处理厂同步建设再生水处理设施，推进以污水处理厂深度处理后的再生水为动态水源的河道生态补水系统建设。（16）加快光明、公明水务公司的整合。（17）深入实施污染减排工作。（18）加强噪声污染防治。（19）实施大气污染防治工程。（20）固体废物收运系统建设。（21）垃圾处理基地建设。（22）建立再生资源回收体系。（23）推进生态产业园区环境建设。（24）推行企业清洁生产审核。（25）完善环保管理体制。（26）加强生态文明宣传教育。（27）开展绿色系列创建工程和生态示范创建工程。

二　绿色案例：国家绿色建筑示范区

21 世纪已逐渐被清晰地定位为"绿色世纪"，绿色生态文明将成为城市和区域竞争的主要领域和衡量的重要标准。光明新区作为深圳市第一个功能城区，作为市委市政府贯彻落实科学发展观的产物及深圳落实科学发展观的示范基地，从成立伊始就肩负着进一步实现区域协调发展、加快推进深圳国际化现代化的重任，新区在研究探索如何开发建设的过程中，以可持续发展和综合竞争力为出发点，立足于全市总体发展的全局，分析国际国内经济的大趋势，坚定了绿色建设、低冲击开发的思路，明确了将光明新区建设成为"绿色新城"的战略性命题，这既是对新区建设方向的概括，又是对新区进一步提高发展质量的号召，为光明的发展指明了战略方向。

为此，新区政府从一开始就坚持科学规划先导，新建绿色建筑与既有建筑绿色改造并重，全面实施绿色建筑标准；坚持基础设施先行，推进绿色交通及绿色配套市政设施建设；大力推进新能源与建筑一体化，培育和发展绿色建筑产业；积极探索创新绿色建筑示范区建设管理模式与配套政策；建立完善绿色建筑示范区建设的技术标准体系；贯彻落实住房和城乡建设部与市政府签署的框架协议，将光明新区建设成为国家绿色建筑示范区。

自成立以来的绿色建设实践，新区破解资源环境困局，利用较少受到干扰的生态环境实现以绿色为导向的跨越式发展，率先建设深圳生态型城市的样板，为深圳全面提升发展质量提供第一时间的经验和启示。2008年3月，市政府与国家住建部签署《建设光明新区绿色建筑示范区合作框架协议》，光明新区成为国家首个绿色建筑示范区，为绿色新城建设注入了新的活力。自成立以来，新区加强组织领导、创新工作机制、开展课题研究、研究制定政策、启动示范项目，形成了3个框架协议、2个管理办法、1个专项规划、1个行动方案和31个示范项目，目前，新区的绿色建筑以政府投资项目为突破口，由点到线到面全面推开，已成为全国已评定和在建绿色建筑最多、最大的绿色建筑示范区。

三 安全案例：雨水综合利用示范区

城市传统开发建设的过程中，自然水文平衡遭到破坏，出现各种水问题，主要表现为雨水资源流失、城市洪涝灾害频发、土壤水源隔断、河流基流丧失、雨水径流污染严重、城市水体水质恶化等。在深圳经济特区成立30年、城市建设取得辉煌成就的今天，水资源短缺、水环境恶化、水安全不高已成为制约深圳城市发展的重要瓶颈，与国内外其他城市一样，深圳不可避免地遭遇各种水问题。针对诸多城市水问题，光明新区自成立伊始就不断探索既保障环境、符合生态需要，又满足城市发展需求的城市雨洪管理体系。其中"低冲击开发雨水综合利用"因其能实现城市与水协调发展，新区政府决策层迅速达成共识。

低冲击开发雨水综合利用是20世纪90年代中期由美国提出的一种新型雨水管理理念。低冲击开发雨水综合利用因其在雨水径流污染、水文循环修复、洪峰流量控制等方面的显著效益，被认为是"低碳生态城市"、"绿色城市"、"生态城市"建设不可或缺的重要组成部分，是实现城市、人、水协调发展的重要手段，是科学发展观的重要体现，对满足民生需求和促进经济社会可持续发展具有重大战略意义。低冲击开发雨水综合利用提倡进行源头雨水水质与水量的控制，通过工程措施和非工程措施，使得区域开发后的水文特性与开发前基本一致。为此，新区政府坚持以低冲击开发理念规划建设。2011 年，新区成为国家首批低冲击开发雨水综合利用示范区，效益非常明显，有效提高雨水下渗率，减少地表径流和水土流失，降低城市排洪压力，将建设开发活动对生态环境造成的影响降到最低。

光明新区自 2007 年成立以来一直在探索以低冲击开发雨水综合利用为特色的节水之路。光明新区社会氛围良好，建设光明绿色新城已成为社会各界的共识；编制完成雨洪利用相关规划，前期研究充分。2009 年国家住建部勉励光明新区创建低冲击开发雨水综合利用示范区；2010 年国家住建部与深圳市政府签订了低碳生态示范市创建框架协议，明确要求光明新区探索低冲击开发建设模式；2011 年 10 月国家住房和建设部正式批复光明新区列为国家低冲击开发雨水综合利用示范区，光明新区成为全国首个也是唯一的低冲击开发雨水综合利用示范区，先行先试，为今后深圳市乃至我国推广低冲击开发雨水综合利用奠定了基础。

与此同时，光明新区创建低冲击开发雨水综合利用示范区也面临着各种困难和挑战。为了有序、协调、稳步推进光明新区低冲击开发雨水综合利用示范区建设的各项工作，克服无先例可循的困局，先行先试，完善组织机构、落实责任分工、明确实施步骤、确保资金投入，圆满完成示范区创建工作。

第六节 光明新区城市建设的基本体系：地上地下、刷新扮靓

一 绿色血脉：道路交通体系

交通是经济社会发展的大动脉，也是一座城市活力的源泉和生活质量的先决条件，作为光明新区"绿色新城"建设的重要组成部分，"绿色交通"是可持续发展理念在交通领域的延伸，通过交通系统的内部整合及与外部城市发展的紧密协调，实现城市经济、社会、环境、资源的可持续发展。

为建设光明新区绿色交通，根据《深圳市光明新区绿色新城建设行动纲领（2009—2015）》制订本方案。新区按照"快捷优质、

集约高效、以人为本、环境友好"的指导思想，通过交通需求的绿色引导、交通供给的绿色组织、交通需求的绿色疏理，高标准规划建设轨道、道路、场站等基础设施，高效能管理公共交通，大力推广清洁、低耗能交通工具，加强绿色交通宣传教育，努力构建绿色交通体系，为新区提供"畅达、安全、舒适、环保、经济、公平"的交通服务，实现具备前瞻性、人性化、捷运化、信息化和生态化基本特征的绿色交通战略目标。从一开始，新区就采用公共交通引导的城市发展开发模式（TOD），科学规划就业、居住、服务区域，实现就业、居住、服务平衡发展；积极推进轨道交通建设，形成功能完善、绿色环保的轨道交通系统；积极完善公共交通各项配套设施，健全管理体制，加大财政补贴力度，大力推行公交优先；鼓励步行和自行车交通方式，规划建设人性化的绿色慢行交通设施；加快绿色道路路网建设，构建布局合理、功能清晰、结构层次分明、干支协调、设施完善的现代化路网体系，有效改善城市交通环境，减少交通拥堵点；完善交通标志、标线、隔离护栏等交通安全设施，建立先进的电子监控系统，整体提升新区道路交通管理水平，改善新区道路交通行车条件，提高道路通行效率；大力推行现代科技和信息技术，加快智能交通建设。建立新区交通信息管理指挥中心，实时监控全区交通状态，全面提升交通管理水平和事故处理协调效率；完善货运交通规划和政策体系，加快综合性货运场站规划建设，建立货运信息服务系统，实现客货分流管理；大力推进投放使用天然气、电力、混合动力、太阳能等清洁能源公交车、出租车等交通工具，减少废气污染；加强绿色交通教育，长期开展绿色交通公益性宣传，全面推广绿色交通理念，改变市民传统出行习惯和观念，引导市民绿色出行。

从没有一条市政道路到基本完成"九纵八横"路网骨架搭建，几年间，光明新区已建成一批不低于原特区内水平的、高规格的市政道路，城市交通网络完成了根本性蜕变。

二　绿色动脉：共同沟系统

共同沟，即城市地下管道综合走廊，是指将设置在地面、地下或架空的各类公用类管线集中容纳于一体，并留有供检修人员行走通道的隧道结构。即在城市地下建造一个隧道空间，将市政、电力、通信、燃气、给排水等各种管线集于一体，设有专门的检修口、吊装口和监测系统，实施统一的建设和管理，彻底改变以往各种管道各自建设、各自管理的凌乱局面。各管线需要开通时，只需通知有关管理部门，接通接口即可，既便于维修，又节省资源。它的建成，将有效避免因铺设或维修市政管线而导致道路重复开挖的弊病，降低路面翻修和工程管线铺设的费用，延长路面的使用寿命，光明新区也将由此成为深圳市首个真正实施城市"共同管沟"工程的区域。

建区伊始，新区党工委、管委会就提出以 21 世纪的标准、后现代理念，高标准、高质量建设绿色新城。"先地下后地上"，打造城市共同沟作为新区发展原则之一写入新区总体规划。在新区加速推进新城核心区市政建设同时，率先引入共同沟这样一个全新的市政综合配套设施，这对提高城市综合管道利用效率、优化城市环境、合理利用地下空间具有重要意义。目前新区规划建设的地下"共同管沟"总里程达 21 公里，预计在新区成立十周年之际，规划制定的总长 25 公里的目标将会全面实现，设施完善，管理先进的共同沟系统将全面建成，其经济效益、社会效益和环境效益将得以最大限度地发挥。

共同沟为解决城市建设用地紧张、人口密度高和交通拥挤的矛盾，实现市政基础设施建设的跨越式发展，合理开发利用城市道路地下空间发挥了重要作用。共同沟作为地下管线综合利用的形式之一，将市政管线紧凑合理地布置在共同沟中，有效利用了道路地下的空间，节约了城市用地，同时也提高了各种管线抵御台风、地震等自然灾害的能力，从而保证了社会生产的安全运行及居民的正常生活不受影响。随着城市居民物质生活水平的不断提高，人们对城市的景观及居住区环境提出了更高的要求。优美的城市环境，是城市现代化建设的基本要求。共同沟的建设消除了城市道路上电线杆林立、架空线蛛网密布的视觉污染，减少了架空管线与绿化的矛盾，并有效地消除了地下管线因维修、扩容而造成的道路重复开挖。在共同沟的建设过程中，采用合理的系统布局和经济美观的结构形式，达到建筑与环境和谐统一，为城市整体环境的可持续发展提供保障，并对改善城市空间、优化功能环境提供有益的帮助。

三　绿色闪亮：LED 照亮系统

光明新区新建的光明大街、观光路、光侨路和松白路等一批新区主干道 LED 道路照明已投入使用，每年可节约供电 800 万度，每年每公里耗电费可节约 8 万元，相当于节约用煤 3206 吨，减排二氧化碳近 8000 吨，道路照明均匀度舒适，增强了城市主干道景观效果，充分展现了低光辐射污染、低能耗的优势，为市民创造了一个安全、健康、舒适、高品位的现代化的城市照明环境。

《深圳市推广高效节能半导体照明（LED）产品示范工程实施方案》明确指出光明新区作为推广高效节能半导体照明（LED）产品示范工程的主要"示范面"。光明新区作为绿色新城和 LED 产业的聚集地，高效节能半导体照明（LED）产品示范工程推广工作备受关注。通过示范工程的实施，全面推动新区道路、隧道、地铁、大型公共建筑等领域照明产品的升级换代，实施一批起点高、见效快、节能效益明显的 LED 照明产品，强力带动 LED 相关产品和产业的发展，抢占国际 LED 产业发展制高点。

LED 是发光二极管的简称，利用固体半导体芯片作为发光材料，当两端加上正向电压，半导体中的载流子发生复合，放出过剩的能量而引起光子发射产生可见光。LED 科技为最新高科技的节能环保材料，耗电量只有普通照明的 1/10，可节约用电 80% 以上。安装 LED 路灯后可产生可观的效益，如光源功率削减、线路耗损削减和变压器损耗削减的节电效益，运行保护治理用度削减的经济效益，对于新建途径因为照明功能率削减、变压器容量削减、开关装备容量削减、电缆截面削减以及安装运输用度削减所带来的经济效益等；LED 光源是一种绿色光源，无污染、无闪烁，光色度纯，可有效减少温室气体排放，提高空气质量，有利于改善环境。近年来，在全球健康环保和能源危机的极大压力下，积极推广和使用节能照明产品，不单是解决电力紧缺矛盾的重要途径，更重要的是节约能源、保护环境、促进健康、可持续发展的必然需要，这与光明新区建设绿色新城，坚持节能环保、绿色低碳的发展道路不谋而合。

四   绿色动力：土地整备规划

土地资源储备是光明新区的比较优势，是新区发展的潜力所在，也是完成市委、市政府赋予新区重要历史使命，实现新区加快发展的重要依托和支撑。光明新区成立之初，针对项目落地难、地块零散、权属不清等现状，新区党工委管委会创新思路、大胆尝试，在全市范围内率先成立新区征收拆迁工作领导小组及办公室，并在此基础上率先成立土地整备中心，将土地整备作为新区"一号工程"重点推进。

（一）光明新区开展土地整备工作的背景

土地整备是破解我市土地资源瓶颈、转变经济发展方式、加快建设国际现代化城市的重要举措。光明新区在全市范围内率先将土地整备工作作为新区"一号工程"重点推进，是新区谋划未来发展的创新之举，也是对市委市政府赋予新区历史使命的有力落实，更是新区长远可持续发展的基本保障。抓好土地整备工作，对光明新区工作全局乃至深圳新时期的建设发展都具有十分重要的战略意义。

一是贯彻落实市委市政府战略部署打造新的区域发展极的迫切要求。光明新区作为全市重点发展区域之一，市委、市政府对新区的发展寄予厚望，新区肩负着"打造深圳新时期重要经济增长极、打造深圳落实科学发展观的典范城区"两大历史重任。在市第五次党代会刚刚结束之际，光明新区率先召开全区土地整备工作大会，布置工作任务，号召新区全体工作人员从全局的角度深刻认识土地整备的重要性、必要性和紧迫性，并力争在较短的时间内整备出大规模连片土地，为新区建设发展提供充足空间。

二是破解当前城市发展瓶颈的迫切要求。土地资源紧缺是深圳市发展的紧约束条件之一，光明新区虽然拥有156平方公里的土地，其中未建用地为29.75平方公里，但是在历经城市化转（收）地、统征地及光明集团多次历史变革之后，新区土地资源面临着手续不全、权属不清、地块畸零等问题，难以及时有效地支撑产业发展与完善城区功能的需求。新区是在光明高新园区的基础上成立的，但由于大量土地不"干净"或缺乏大规模连片土地，很多优质项目落不了地，园区配套建设也由于用地问题推进缓慢，严重制约了企业发展。新区成立之后高标准、快速度建设了一批基础设施和公共配套设施，但是部分项目建设推进速度不够理想，其中一个重要的因素也是土地得不到保障。新区要高标准打造"现代化示范产业园区"，基本前提就是要加快土地整备，克服边拆迁边引进项目，甚至是有了项目才整备土地的模式。只有这样，大项目、大企业才能够进得来，园区配套才能够上得去，新区发展的美好"蓝图"才能够实现。

三是确保大开发大建设及未来发展的迫切要求。土地是社会经济发展和城市空间优化提升的重要支撑和载体。新区"十二五"规划确立了把光明新区打造成为"大珠三角经济圈的重要功能区、惠深港城市走廊上的现代化新城区、大特区时代战略性新兴产业的集聚区、绿色低碳发展的生态示范区和深圳新区区域增长极"的目标，这些规划和发展目标，最终都要通过土地资源来承载和实现。

因此，新区党工委、管委会下定决心开展土地整备，在全市范围内率先成立新区征收拆迁工作领导小组及办公室，之后在此基础上率先成立新区土地整备中心；率先制订新区土地整备年度计划及实施方案；率先召开全区土地整备工作大会部署任务。

（二）光明新区土地整备模式

2010年光明新区在全市率先召开土地整备工作大会（图4—1），全面部署土地整备"一号工程"，提出领导挂帅、分片包干，属地管理，整备、管理、查违"三同步"三大工作原则。到2014年，通过不断完善工作体制机制、建立工作制度、加强队伍建设等举措，提高了土地整备工作效率与服务水平，保障了新区重大建设项目的用地需求。

图4—1　光明新区2010年土地整备工作动员大会

　　一是实行领导挂帅，分片包干。实践证明，领导包干是推进重点工作的有效手段。新区党工委、管委会成立了以管委会领导班子成员分别担任组长、副组长，新区各局（办、中心）、市驻新区各单位、辖区办事处等为小组成员的土地整备工作领导小组，并划定土地整备五大片区"责任田"，分别成立片区工作领导小组，由班子成员亲自挂帅、分片包干。新区土地整备工作形成了以领导小组为指挥"龙头"，以办事处为实施主体、任务分工到人的新模式，构建起"领导挂帅、分片包干、全面参与"的新格局，形成了"千军万马搞土地整备"的新气象。

　　二是坚持属地管理，办事处为主。根据新区党工委、管委会工作部署，公明、光明办事处作为新区下属基层政府组织，是辖区土地整备工作的实施主体。公明、光明办事处领导班子高度统一思想，充分认识到土地整备工作对于新区长远发展的重要性和紧迫性，全力发挥基层实施主体的地缘、人脉等优势，充分发挥战斗堡垒作用，提思路、想办法，全面推动土地整备工作。公明办事处坚持领导分片包干的工作机制体制，由一把手和分管领导亲自抓、负总责，从各部门和相关社区抽调了近千名精干人员，成立了26个工作小组，深入社区展开土地整备攻坚战。

三是部门联动，出"组合拳"。第一，实行整备、管理、查违"三同步"。第二，强化部门联动，保障强制清场。第三，开展综合整治措施，研究处理历史遗留问题。通过出"组合拳"的形式，抓重点、攻难点、解热点，以点带面，逐步推开，综合整治疑难问题。

四是规范管理，强化监督。一方面是加强制度管理，提升技术力量。《物权法》出台后，在征收补偿相关法律法规缺失、相关部门责权不清、征收拆迁工作流程不统一等背景下，新区率先出台《深圳市光明新区公共基础设施建设项目房屋征收拆迁工作规程（试行）》，进一步明确职责，规范操作程序，更好地指导各相关部门合法、规范、有序地开展征收拆迁工作。自新区成立以来，没有出现任何涉及土地整备及征收拆迁的违纪违规现象，为全市土地整备工作的展开打下了很好的基础。

（三）光明新区土地整备成果

新区自成立以来，坚持按照"以城市规划为龙头，以绿色新城为核心，以园区和基础设施建设为重点，加快新区建设，推进城市化进程"的目标要求，牢固树立"以城市发展引领各项事业发展"的理念，围绕新区乃至全市城市战略发展目标，以招、拍、挂用地为核心，以重大公共基础设施建设项目为重点，以民生工程为保障，全力推进土地整备工作。

一是夯实基础设施，实现全面发展。基础设施如人的生理系统，道路交通则是脉络系统，维持着人体的正常运转。新区自成立以来，在党工委、管委会的正确领导下，在"想干、敢干、快干"精神的号召下，各部门高度统一思想，通过每周定期开会、定点协调的方式，解决大量重点、难点问题，推动松白路、南环大道、观光路、光侨路等新区城市"骨干"道路全面完成；采取部门联动强制清场，综合整治历史遗留问题等手段，解决了110kV观塘线、华夏路石楼、北科联公司占地等一系列历史遗留的难点问题；运用法律手段，通过司法途径妥善解决了沈英胜闹访、姚良坤猪场等棘手问题。目前，平板显示园区配套道路东长路、东明大道、塘明路、科裕路等土地整备工作也已基本完成。新区"九纵八横"的路网格局规模初显，

"四通八达"的脉络骨架基本成型。

二是积极推动产业供地，保障经济发展后劲。通过现场摸底调查，理清权属关系，制订实施方案等手段，新区重点推进产业用地的土地整备工作（图4—2）。新区成立至今，累计整备出让招拍挂用地46块共252万平方米，主要集中在光明高新园区和公明三大基地产业园区，落地产业以高技术环保型产业为主，涉及电子、生物科技、通信技术、房地产等方面。其中包括60万平方米的华星光电用地，22万平方米的旭硝子株式会社和旭硝子显示玻璃有限公司用地以及1.5万平方米的研祥公司用地，保障了重点项目的落地需求，为新区产业发展提供了坚实的土地资源保障。

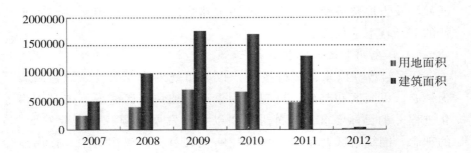

图4—2　光明新区2001—2012年招拍挂产业用地出让图
（华星光电建成前后对比图）

三是保障民生工程，推动和谐发展。民生工程关系民心，涉及人民群众最关心、最直接、最现实的利益，近年来，此项工作一直被新区作为征收拆迁工作的重中之重强力推进。首先是确保"水缸"不"缺水"。公明水库被称为深圳最大的"水缸"，预计 3 年后建成深圳首个库容超 1 亿立方米的大型水库，目前公明供水调蓄工程共整备移交土地 4.33 平方公里，占规划用地的 54%（图 4—3）。其次是确保"种粮"不"缺地"。基本农田被老百姓称为"吃饭田"、"保命田"，目前新区基本农田累计完成改造任务 2.7 平方公里，占工程总量的 24%。最后是确保文体休闲"有去处"。新区成立以来完成了占地面积 36.7 万平方米的明湖公园以及占地面积 57.8 万平方米的新城公园等市级城市公园的土地整备及建设工作，建成一批富有特色、使用率极高的小型绿地、袖珍公园和广场。

图 4—3　公明供水调蓄工程施工现场

自成立以来，在新区党工委、管委会的正确领导下，光明新区土地整备工作秉承"只要思想不滑坡，办法总比问题多"的理念，注重效率与规范同步、拆迁与惠民同行、成绩与廉洁并重，在抓进度中求稳定、紧约束下谋发展，不断探索，不断创新。接下来将围绕新区"十二五"规划发展要求，进一步统筹好经济发展与土地整备、重大项目与民生需求、整备进度与社区发展等关系，解放思想，深入实践，实现阳光征收、和谐整备，为新区新一轮发展保驾护航。

五　绿色外套："扮靓"工程

2010 年深圳经济特区建立 30 周年，2011 年我市举办第 26 届世界大学生夏季运动会。为迎接两大盛事，市委市政府决定开展市容环境提升行动。光明新区紧紧围绕市委市政府提出的"办赛事、办城市，新大运、新深圳"主题，开展"刷新光明，扮靓新区"市容环境提升行动，按照"把握节点、突出重点、打造亮点、分段推进"总体原则，通过打造"四个亮点"、实施"五大工程"、开展"六项行动"，实现"三个明显"，即市容市貌明显改观，市民生活环境明显改善，城市管理水平明显提高。

（一）基本情况

根据全市统一部署，2009 年 12 月至 2011 年 7 月底，新区开展了"刷新光明，扮靓新区"市容环境提升行动，整个行动历时 22 个月，提升项目总计 27 个。分为建筑立面刷新和街景整治工程、绿化景观提升工程两大类，分三阶段进行。其中街景整治 15 条道路，总长度 8.22 千米，刷新建筑 388 栋，刷新面积 33.28 万平方米；绿化景观提升 22 条道路，总长度 39.39 千米，提升面积 40.5 万平方米。

第一阶段：仅用了 40 天时间对华夏路两侧，立面面积 17372 平方米的 14 栋建筑进行了刷新，规范广告招牌 672 平方米，安装防盗网和空调机格栅 3029 平方米。2010 年春节前顺利完成华夏路建筑立面刷新和街景整治工程等 9 项市容环境提升工作任务。

第二阶段：2010 年 8 月前完成包括光明大街两侧建筑立面刷新和广告招牌整治等在内的 10 个市容环境提升工程项目，提升绿化景观 23.16 万平方米，刷新建筑 235 栋、刷新面积 12.77 万平方米。沿街景观面貌焕然一新，营造出了"整洁、有序、优美、宜居"的市容环境。提升改造后的光明大街以"活力、现代、典雅"为主题，展现了以欧陆建筑为特征，工贸复合、商住混合为多元的建筑风貌，成为人文气息与靓丽街景并存的光明新区景观大道。

第三阶段：2011 年 7 月底前完成包括公园路、长春路、建设东路、松白公路、金辉路建筑立面刷新和广告招牌整治等在内的 16 个市容环境提升工程项目，刷新建筑 139 栋、刷新面积 18.77 万平方米，提升绿化景观 17.33 万平方米。

（二）主要做法

1. 领导重视、周密部署、强化落实

领导重视。新区高度重视市容环境提升工作，在管委会和办事处两级分别成立了市容环境提升行动指挥部。新区主要领导亲自担任新区总指挥，办事处主要负责人担任办事处指挥部总指挥。城市管理局作为新区市容环境提升行动指挥部办公室，统筹、协调该项工作的日常工作，对重大问题第一时间协调解决，强力推进市容环境提升工作。

周密部署。新区在全市各区中率先制订了《光明新区市容环境提升行动方案》，明确了市容环境提升工作重点。通过打造"两环"、"两点"、"三线"、"六门户""四大景观亮点"；实施街景整治、公园及场馆改造、道路建设、交通设施景观综合整治和河流景观整治"五大工程"；持续开展卫生清理行动，街道家具清洗刷新行动，专项执法行动，花卉布置行动，病媒生物控制行动，户外广告专项整治"六项行动"，全面提升光明新区的城市形象。

强化落实。根据行动方案，通过定期刊发周报、月报、信息报等形式，对工程加强质量、资金、进度管理，对具体工作加强督查、督办，强化落实。

2. 把握节点、突出重点、打造亮点、分段推进

把握节点。按照新区市容环境提升行动方案，明确了"大运会召开之前"这个重要时间节点，倒排时间。一是新区主要领导每月召开一次现场办公会议，分管领导每周一协调，对每一个设计方案，每一个片区的市容环境整治问题随时解决。二是为加快进度、提升档次、提高水准，采取项目设计任务批量打包方式，在市建设工程交易服务中心公开招标，确定三家设计单位，大大减少了设计招标环节，节省了时间。三是开展市容环境提升重点项目方案设计竞赛，经过方案公示汇报、相关部门点评、专家评审打分、新区领导班子会议审定等环节，确保公开透明，确保设计方案最优化。

突出重点。新区确定了由光明大道—观光路—光侨路—光明大

街和松白路—西环路—北环路—公常路形成的"两环",公明、光明中心区"两点",龙大、南光高速和根玉路"三线",以及新区各出入口等"六门户",作为主要提升范围,因地制宜制订环境整治和提升方案,以点带面,重点突破,带动新区整个区域的环境提升,改善新区形象。

打造亮点。结合公明、光明两个办事处自身特点,制订"差异化"提升方案,打造城市亮点。针对公明办事处建成区范围比较大的特点,以刷新为主,大面积开展建筑立面刷新、广告招牌整治和灯光夜景装饰工程;对于光明办事处,以绿化为主,侧重对光明大道、迎宾大道,以及新区市民广场周边区域、华夏路沿线和人行天桥进行景观绿化提升,打造灯光夜景,全面提升光明中心区域景观档次。同时,在两个办事处各选择一条主要街区,打造样板街区。对公明办事处公园路,从功能、尺度、细节三方面综合考虑,精心打造城市中心绿轴,为人们提供可进行交流、休憩的功能空间,营造宁静、轻松、休闲、生动的景观环境;对光明办事处的光明大街,根据原有欧陆建筑特色,以及越侨等侨民较多的历史特点,进行景观提升,重点打造欧陆风情街。

分段推进。市容环境提升行动时间紧、任务重,必须总体策划,分段实施,示范带动。为此,新区将整个提升行动分为"动员启动、示范带动、全面提升"三个阶段,分步实施、快速推进,确保按期保质保量完成全部提升任务。

（三）主要特点

1. 注重标准——以特区一体化为契机,坚持高起点规划设计

由于历史原因,新区市容"欠账"多,与原特区内以及宝安、龙岗还存在很大的差距。为此,在开展市容环境提升行动过程中,以实现特区一体化为目标,统筹考虑、精心策划,高标准规划设计。一是绿化标准,新区所有城市干道都参照原特区内绿化档次,通过种植特色树木,增加城市绿雕,提升景观水平,缩小与原特区内的道路绿化差距。二是重点片区的设计标准,对光明新区中心区、公明中心片区等核心区域的景观提升设计,始终坚持"功能、色调、风格、景观"的有机统一和相互协调的标准,并多次提交新区班子

会议和专题汇报会，邀请市环提办及业内专家进行评审。三是市容整洁标准，参照全市的标准，持续开展城市"脏、乱、差"专项整治行动，确保实现"五个"干净，即违法搭建拆干净，乱贴乱画除干净，乱堆乱放清干净，乱停乱放整干净，乱摆门店理干净，营造整洁、有序的市容环境。

2. 突出绿色——坚持"绿色、低碳"，充分展现光明新区"绿色新城"内涵

"绿色"是光明新区的符号，在整个市容环境提升工作中，既强调有形的"绿"，也重视无形的"绿"，力求实现"城在绿中，绿在城中"的新境界。复绿重点道路沿线黄土裸露地块，整个绿化面积达 38.1 万平方米。在设计方案中和材料的选用上，注重"节能、环保、低碳"的设计理念，在新建道路率先推广使用 LED 节能路灯，采用透水地砖，环保的石材、涂料等。

3. 提升品位——城市符号、现代元素相结合，增添新区城市气息

针对新区正处于发展起步阶段的实际，以"增添城市气息，提升城市品位"作为设计重点，在新区门户区域和一些人流、车流量密集的繁华路段，精心设计一批城市标志性构筑物、代表性雕塑，增设广告灯箱、公交候车亭、休闲座椅、指路牌等精巧独特的"城市家具"，通过人性化的设计、科学的布局、高标准的建设，在增添城市气息、彰显城市品位的同时，改善了新区人居环境，让新区群众感受到自己不再是生活在农场，而是真正生活在城市、融入到城市。

4. 把握细节——广泛借鉴，精益求精，打造城市精品

高度重视细节的把握，重视局部环境的营造，力求精雕细琢，打造精品。在建筑立面刷新的颜色选定上，多次组织办事处、设计和施工等单位，现场参观学习南山、宝安等其他区的立面刷新等方面的成功经验，并组团参观广州的街景，要求办事处和城管部门按照"一街一景"的要求，结合新区现状，形成最优选色方案。

经过提升改造后，新区重点片区地面铺装整齐，街道清新整洁，广告招牌及空调机位整齐划一，绿化层次分明，夜景灯光璀璨，沿

街建筑面貌焕然一新，新区展现出了"整洁、有序、亮丽、和谐、宜人"的市容环境，为深圳大运会的召开展献了新区靓丽的城市风采。

第七节　光明新区城市建设的绿色战略：规划、引领、跨越

一　规划单元发展战略

随着市场经济体制改革的逐步深入，深圳进入转型期，面临着土地资源极度紧缺、能源及水资源短缺、环境承载力严重透支、人口压力不堪重负等四个"难以为继"的难题，亟须转变经济发展方式，寻求可持续的增长模式。其中，首要的问题便是如何在土地资源极度紧缺的情况下，充分盘活和利用存量土地，对重要节点地区进行开发建设。

为解决土地资源高效开发、存量土地再利用的问题，2011年全市发展规划工作会议后，市政府明确提出探索转型规划的工作部署。提出以"发展单元规划"为综合工具，统筹规划建设构想和实地土地利用问题，以面向实施的多元主体协商式规划，推动土地管理制度改革创新，实现存量土地再开发利用，保障重点城市地区的开发建设的发展目标。

城市发展单元工作将注重综合运用规划、土地、公共政策等多种技术和政策手段，构建利益协商、体制改革和制度创新的新型城市开发建设模式，是以规划实施为目标实现城市土地利用管理模式转型的重要抓手。

二　引领综合开发模式

土地问题一直是困扰光明新区发展的制约因素，如何盘活存量土地、以地促城、探寻适合自身发展的土地开发模式是光明新区发展过程中亟待解决的问题。纵观全市土地管理工作的整体部署，只有通过不断的改革创新才能为新区发展提供源源不断的动力。

新区依托城市发展单元制度，在全市率先选择广深港光明城站

门户区、国际平板显示园和光明中心区三个片区，进行发展单元规划试点工作，以期破除新区土地利用瓶颈，切实落实规划设想，大力推进新区建设。

三项发展单元规划分别从以下几个方面对新区开发建设提供了支持与引领。

1. 推行"多方主体协商"的规划方式

光明新区作为深圳特区外重点改善地区，内部土地开发利用现状呈现明显的"村镇型"和"城区型"二元结构差异。由于地处偏僻、发展滞后，长期以来采取粗放的经济增长方式，开发建设缺乏科学规划的指引，土地管理和建设管理法制滞后，导致社区建设自发无序蔓延，功能布局紊乱，土地权属混杂，基础设施落后，公共配套严重不足。低档次的建设水平现状与高品质的城市建设目标极不协调。

但土地复杂的权属和历史遗留问题的交织，使得规划建设目标在实施中难度重重，大量丰硕的规划研究成果无法转换为现实建设实施。为此，发展单元规划特提出"多方主体协商"的规划方式，在规划过程中，主动协调土地权属主体和意向开发主体的意见，并结合片区发展需求，对单元内的建设规模、配套内容、城市设计、开发控制要求等进行协商修订，以期实现规划的可操作性。

2. 提出"刚性弹性并重"的空间控制

法定图则规划将"绿色理想"的规划方案通过指标和图表化予以落实，对土地利用起到较好的控制作用，但随着发展条件和目标的变化，难免与现行规划管理制度有一定脱节；同时过度约束建设开发条件，并未形成奖励鼓励机制，导致市场响应的积极性较小，需要大量公共投入方能完成理想方案的落实，增加了规划的实施难度。

为此，发展单元规划特提出了"刚性弹性并重"的空间控制探索方向，提出"总量刚性控制、布局弹性指引"的规划原则，强调可实施性。具体而言，规划主要通过子单元建筑总规模控制开发，而子单元内部的用地功能布局仅以主导用途进行弹性控制，可根据实际情况进行具体安排。规划国土资源和房产管理局光明分局有更多规划实施的主动权，有保障规划刚性的责任，也可为弹性空间提供更多的服务。

3. 落实"经济测算可行"的实施细则

发展单元规划提出通过土地经济测算，平衡片区开发的投入产出比。对规划提出的开发规模进行校核，根据各项经济指标量化规划确保有效实施，具有经济可行性，同时，规划也明确提出实施细则，确保规划的实施操作。

如光明国际平板显示产业园提出以土地整理为前提，"综合开发"为主导，配套土地整备和城市更新，采用分区分类的实施开发模式。具体而言，首先以社区为基本单位，统筹解决子单元内涉及的土地历史遗留问题。其次根据规划建设目标、开发主体诉求以及土地资源储备等因素选择开发模式，并以开发模式为依据划分子单元推进分区实施。

三　实现跨越式发展

发展单元规划作为一项新生的规划工作类型，建立在城市空间布局、产业发展、城市更新、土地整备、投融资机制等方面的协商式、过程式新型综合规划，比起以往传统规划，更加注重于面向实施、协调发展和平衡利益，为解决光明新区的规划实施问题提供了一个新的平台。

光明中心区、光明城站门户区、国际平板显示园区是光明新区"十二五"规划发展的重点地区，承载了光明城市副中心的主要功能，推动以发展单元规划为引导、以社区统筹和整体开发为模式、试点推进存量土地开发为特征的"光明模式"，从根本上解决光明新区发展中的土地问题，以破除其对新区跨越发展、社区转型发展的制约。推动光明新区在"十三五"期间谱写出开发建设的新篇章！

第五章

光明新区改革创新中的社会事业

社会治理和民生建设是社会建设的基本内涵，其中社会治理是在社会管理基础上的一个重大飞跃，标志着我国国家治理体系和治理能力现代化进一步提升。社会治理的基本内容主要涉及党委领导、政府负责、社会协同、公众参与、法治保障的体制建设。民生建设主要涉及实现好、维护好、发展好人民群众最关心、最直接、最现实的利益问题，基本内涵包括学有所教、病有所医、住有所居、劳有所得、老有所乐等涉及民生的公共事业。

社会建设的提出使中国特色社会主义的布局更加全面、内涵更加丰富，标志着中国共产党执政理念的重大飞跃，是全面建成小康社会不可分割的有机组成部分。要想对社会建设有更加准确的理解，就必须对社会建设思想的发展历程做一个分析。从我国历史角度考察，社会建设的思想和实践古已有之，并闪耀着中华优秀传统文化的智慧光芒。但真正作为概念最早出现于 20 世纪初。1919 年，孙中山先生在《建国方略》中明确提出了"社会建设"的概念，并试图通过"军政、训政、宪政"三部曲的方式培育出公民社会，实现中国的现代化。但是，由于半殖民地半封建社会的特殊国情和历史背景，孙中山先生的理想未能实现。民国时期很多学者都曾涉及社会建设这个问题，比如社会学家孙本文曾将社会建设定义为："依社会环境的需要与人民的愿望而从事的各种建设，谓之社会建设。社会建设的范围甚广，举凡关于人类共同生活及其安宁幸福等各种事业，皆属之。"① 此外，晏阳初、陶行知等人还发起了中国平民教育和乡村建设运动，试图从基层社会出发，以普通群众为对象，以改造积贫积弱现状为目标，尽管取得了宝贵的经验，但由于特殊的历史背景，仍然没有从根本上改变中国的落后面貌。

新中国成立后，通过社会主义改造，在中国大陆建立起了社会主义制度，为社会建设的真正起步奠定了坚实的政治前提和制度基础。在中国共产党的带领下，积极发展公共事业，在教育医疗、社会保障等方面都取得历史性的进步和成就，彻底改变了旧中国的面貌。新中国成立初期，中国以苏为师，全面向苏联学习，建立了一套高度集中的政治经济体制，与此相适应，在社会管理方面确立了单位制和街居制的管理模式。在此模式下，单位是社会的重要组成细胞，对城市居民的管辖主要通过单位来实现，比如各级各类政府机关、国有企业、事业单位都能对本部门的干部职工实行有效的管理。由于当时经济成分比较单一，体制外、单位外只有极少数人员，这部分群体则可以通过其常住地区的街道办和居委会进行管理。应该说，这种管理体制是利弊并存的。一方面，具有管理严格、动员有效的积极作用，具备集中力量办大事的优势，在新中国成立后的历次社会动员中起到了积极的作用，有力地推动了社会主义事业的发展。另一方面，在高度集中的政治经济体制下建立的社会管理模式的弊端也是明显的，比如管理权力过分集中，管理的方式方法不够多元化，导致国家的权力触角不断延伸，挤压了社会应有的空间，致使社会组织不够发达，社会运行缺乏活力。特别是在极左思潮的影响下，在国家权力依托下的社会管理很容易忽视来自社会本身的反馈，遇到不符合实际的政策，很难实现有效抵制，缺乏来自社会基层的纠错机制。但是，计划经济的社会管理模式中具有丰富的经验和很多行之有效的做法，值得我们在新时期去借鉴和发扬。

十一届三中全会以来，我国实行改革开放，发展社会主义市场经济。经济基础决定上层建筑。随着市场经济的深入发展，中国的社会结构也发生了巨大的变革，原有的大量单位人变为社会人。新

① 万军：《社会建设与社会管理创新》，国家行政学院出版社 2011 年版，第 5 页。

的形势发展使社会建设和社会管理的重要性日益凸显，而且随着经济体制的改革纵深发展，社会体制改革的滞后性日益凸显，在新的形势下如何提供更高质量的公共服务，不断推进基本公共服务均等化，解决日益凸显的城乡差距、地区差距、社会成员差距就成为政府必须面对的问题。随着经济体制的变革，政府如何正确处理和企业、市场、社会组织之间的关系也日益提上了改革日程。2004 年党的十六届四中全会在《中共中央关于加强党的执政能力建设的决定》中明确提出"加强社会建设与管理"的重大命题，十七大报告则将"社会建设"正式纳入中国特色社会主义事业的总布局，形成"四位一体"的总布局，这就标志着我国的社会建设和社会管理进入了一个新的发展阶段。

社会建设在为全面建成小康社会而奋斗的新形势下具有重要的意义，党的十八届三中全会指出，创新社会治理，必须着眼于维护最广大人民根本利益，最大限度增加和谐因素，增强社会发展活力，提高社会治理水平，全面推进平安中国建设，维护国家安全，确保人民安居乐业、社会安定有序。可见，社会建设和社会管理是涉及国家长治久安的基础性工程。具体而言，当前推进社会建设和创新社会管理的重要战略意义在于以下两个方面。

1. 有助于推进全面建成小康社会

党的十八大提出了全面建成小康社会的重要战略任务，是全党全国各族人民新时期奋斗的宏伟目标。要想顺利实现全面建成小康社会的宏伟目标，就必须对全面建设的丰富内涵有一个正确的理解，全面小康社会包括"五位一体"的总布局，经济建设、政治建设、文化建设、社会建设、生态文明建设之间的关系不是割裂的，而是有机统一的。当前，中国经济总量已经跃居全球第二，但是人均 GDP 只有世界平均水平的 60%，而且经济发展水平存在明显的区域性不平衡。进入 21 世纪以来，我国经济实力步入中等收入国家行列，经济发展和社会建设之间的紧张逐步增强，如何正确处理改革、发展和稳定之间的关系就成为必须面对的课题。尤其是近年来，我国经济增速由高速转变为中高速，曾经支持中国经济高速增长的后发优势和比较优势均不断削弱，因此如何实现经济的可持续发展，如何提升经济发展的质量就成为政府必须面对的课题。社会建设对经济建设的意义至关重要，其不仅可以为经济建设提供和谐稳定的社会环境，更能激活各种社会主体的活力，为经济增长提供强大的原动力。

2. 社会建设和社会管理现代化是国家治理体系和治理能力现代化的重要组成部分

党的十八届三中全会提出了国家治理体系和治理能力现代化的重要命题，而社会建设和社会管理现代化正是国家治理体系的有机组成部分。所谓社会管理现代化可以用社会治理这个概念来概括，所谓治理就意味着主体更加多元，彼此关系更多互动，方式方法更加规范化、制度化。十八届三中全会指出："坚持系统治理，加强党委领导，发挥政府主导作用，鼓励和支持社会各方面参与，实现政府治理和社会自我调节、居民自治良性互动。坚持依法治理，加强法治保障，运用法治思维和法治方式化解社会矛盾。"[①] 可见，随着市场经济的发展，社会结构的变革，社会建设和国家治理社会的方式也要与时俱进，尤其是要按照依法治国的原则，更加遵守法律、遵守规则、遵守制度。

深圳特区近年来提出了法治化、市场化、国际化的奋斗目标，社会建设的质量就成为特区进一步发展的重要支撑，尤其是深圳作为改革开放的排头兵，市场经济比较成熟，但是随着城市的发展，社会建设的"短板效应"进一步凸显。因此，在发展经济的同时必须做好社会建设，创新社会治理，不断改善民生，让所有深圳居民，无论其户籍在哪，都能够生活得更加幸福、更加有尊严，从而焕发出干事创业的激情，为推动特区经济社会发展做出积极贡献。

光明新区本身就是改革创新的产物，全区成立以来在改革创新的伟大实践中发扬敢想敢闯、求真务实的特区精神，在社会治理和民生建设领域不断改革创新，取得了光辉的业绩、积累了丰富的经验。按照十八届三中全会的要求，全区在全面深化改革的新时期紧紧围绕更好保障和改善民生、促进社会公平正义深化新区社会体制

----

① 《中共中央关于全面深化改革若干重大问题的决定》。

改革，促进社会公平正义，推进社会领域制度体制创新，优化公共服务，加快形成科学有效的社会治理体制，确保新区社会既充满活力又和谐有序。

第一节　"顶层设计"——构建符合新区实际的"织网工程"

《中共中央关于全面深化改革若干重大问题的决定》在创新社会治理体制方面指出要坚持源头治理，标本兼治、重在治本，以网格化管理、社会化服务为方向，健全基层综合服务管理平台，及时反映和协调人民群众各方面各层次利益诉求。新区一向重视社会治理的顶层设计，用网格化管理的方式来强本固基，从全局上解决影响新区社会和谐稳定的各种问题。根据市委、市政府关于加强社会建设及社会管理创新的决策部署，新区党工委、管委会组织开展"织网工程"，深入贯彻落实科学发展观，把社会建设与经济建设放在同等重要的地位，组织动员各办事处、各部门、市驻新区各单位和各方面的社会力量，以新区、办事处、社区（企业）三级综治信访维稳中心为纬线，以各职能部门和社会力量开展社会管理的人、物、事为经线，以落实社区管理、服务工作责任为目标，努力编织社会管理服务"织网工程"。

一　构建社会矛盾隐患排查化解网

中华民族是一个具有深厚忧患意识的民族，注重未雨绸缪和防患于未然。当前改革进入了深水区和攻坚期，各种社会矛盾多发，因此如何有效应对突发性群体性事件就成为各级政府各个部门必须深思的课题。此外，随着人类社会交往方式和运行方式愈加复杂化，整个社会抵御各类自然风险的能力也愈加脆弱，一旦灾害发生很容易引发大范围的连锁反应。深圳特区是国际化的大都市，拥有1000多万常住人口，人口分布高度密集，为了确保人民群众的生命财产安全，必须建立科学的突发公共事件的应急机制。从学理上分析，所谓突发公共事件在类型上可以分为自然事件和人为事件；按照其是否可预测，又可分为可预测的突发事件和不可预测的突发事件；其中人为事件按其利益诉求划分，又可有不同的类别。从定义上分析，所谓"突发事件"指："突然发生，造成或者可能造成严重社会危害，需要采取应急处置措施予以应对的自然灾害、事故灾难、公共卫生事件和社会安全事件。"①

在整个突发性公共事件应急机制建设过程中最重要的一个内容就是建立监测预警机制和风险评估机制。曾有学者指出，公共管理的一个重要目的就是"使用少量钱预防，而不是花大量钱治疗"②。中国传统智慧也启迪我们要"不治已病治未病"。大多数突发事件其实都是可以预测、可以防控的，其发生也都必然有一个缘起、萌芽、逐步发展的过程。问题的关键是如何在祸患起于青萍之末的时候将其阻拦，善于将"大事化小"、"小事化了"。这就需要以政府应急处理部门为中枢，统筹协调政府各职能部门，以及各区域的应急处理部门，并充分整合企业、社会组织等资源，发挥其在配合政府职能部门应急处理过程中的重要作用。在此过程中，政府必须充分调查研究，从本国本地区具体实际出发，借鉴他国突发事件应急机制的先进经验，以求真务实的精神，制定出更加科学、更加高效的应急机制，最大限度地减少社会矛盾所引发的突发性公共事件。

以社区网格管理员为触角，以新区、办事处、社区三级综治信访维稳中心（站）为平台，编织新区、办事处、社区三级综治信访维稳中心排查调处网，采取定期排查和特殊敏感时期排查相结合的方式，全面排查梳理矛盾纠纷和不稳定因素，及时组织调处，将矛盾纠纷化解在基层。编织多部门、多行业、多手段大调解网，进一步健全办事处、社区、企业人民调解组织建设，建立专职化、专业化调解队伍，在法庭、派出所、交警中队、劳动管理办、城建办、城管办等基层职能部门，以及各类医院等矛盾较多行业设立人民调解工作室开展人民调解；充分依托工会、妇联、共青团、残联等开展群团组织调解；充分利用各类行业协会自治力量开展行业调解；

---

① 《中华人民共和国突发事件应对法》。
② 万军：《社会建设与社会管理创新》，国家行政学院出版社 2011 年版，第 277 页。

充分发挥律师事务所、公证处和社会中介机构专业优势开展中介调解；充分运用仲裁机构独特优势和力量开展仲裁调解，综合运用法律、政策、经济、行政等手段和教育、协商、疏导等方法，积极预防和化解社会矛盾纠纷。编织重点部门、重点行业排查网，加强排查矛盾纠纷的针对性，重点编织安全生产隐患巡查网、食品药品安全隐患监测网、劳动保障监察网、城市建设隐患巡查网，对各类生产经营活动、劳资关系状况、建筑行业、城市管理领域进行动态巡查，及时发现具有倾向性、苗头性和影响社会稳定的安全隐患、信访问题、矛盾纠纷，及时组织查处、化解、整改。

二 构建社会治安立体防控网

"平安是福"，这是中国老百姓自古以来对幸福生活的向往，也是社会建设的重要组成部分。依托新区管委会组织开展的"平安光明"规划，以公安部门为主力，以群防群治队伍和电子防控设施为辅助，立足光明治安现状，因地制宜，编织情报信息网，实现对新区各类人物、组织、事件、物品、车辆、房屋、互联网等各类静态资料和动态信息的全面掌握；编织基础防范网，夯实基层基础，全面加强人防、物防、意识防范的建设，构筑严密的社会面基础防控体系；编织视频监控网，提高预防和打击路面违法犯罪的效率，增强预防和应对重、特大道路交通事故的能力；编织网络管控网，加快网上警务室、网上报警平台的建设，组建网上巡查队伍，建立网上警务室与实体警务室联动协调机制，及时发现各种有害网络信息，及时消除不良社会影响；编织打击整治网，持续长期推进严打整治工作，大力开展"围村"清理整治行动，严打"黑恶势力、严重暴力性犯罪、黄赌毒"三类重点社会治安问题；编织区域协防网，努力提升周边区域的警务合作水平，建立"区域联防、信息共享、警务协作"工作模式，提高跨区域快速反应和区域协作联勤能力。

三 构建社会民生服务网

编织党群服务网，全面开展社区党群服务中心建设，加强对基层党员、团员、青少年、妇女和职工的服务。编织人口管理服务网，创新人口调控机制，创造条件让来新区的建设者更好地融入城市发展；创新人口服务机制，着力解决流动人口及其子女就业、就医、就学和住房困难；创新计划生育服务机制，全面推进计生优质服务工作在基层深入开展；创新流动人口管理机制，实现人屋对应动态管理。编织社工服务网，进一步增设社工岗位，加大社工项目开发力度，扩大社工服务范围，不断提高社工人才专业能力，充分发挥其在化解社会矛盾、解决社会问题等方面的独特优势。编织法律服务网，扩大法律援助范围，深化农民工和特殊困难群体法律援助工作，建立刑民事诉讼法律援助和司法救助配合机制，开展"律师进社区"活动，为社区居民提供法律服务。编织义工（志愿者）服务网，进一步发展壮大具有新区特色和时代气息的新区义工服务队伍，进一步拓宽义工服务网络和服务触角，广泛开展助老、助残、治安、法援、未成年人帮教等社会服务。

四 构建社会保障关爱救助网

建立完善的社会保障机制是中国特色社会主义的题中应有之义，是构建社会主义和谐社会，全面建成小康社会的必然要求。德国"铁血宰相"俾斯麦在德国开创了社会保障制度的先河，美国在第二次世界大战前将社会保障制度予以制度化，都对世界产生了较大的影响。社会保障制度的确立和推广有利于维护社会的稳定，促进经济社会的全面发展，对每一个现代国家而言都是不可或缺的重要制度。新中国成立后不久，政务院于 1951 年颁布了《劳动保护条例》，此条例的颁布标志着新中国的社会保险制度的建立，该《条例》的保障主体为企业职工，具体的保险内容包括疾病、负伤、生育、医疗、退休、死亡、待业等。十一届三中全会以来，我国依据具体国情，不断推进社会保障体制改革，取得了显著的成绩。十八届三中全会指出，要进一步"完善以税收、社会保障、转移支付为主要手段的再分配调节机制，坚持社会统筹和个人账户相结合的基本养老保险制度，完善个人账户制度，健全多缴多得激励机制，确保参保人权益，实现基础养老金全国统筹，坚持精算平衡原则。推进机关事业单位养老保险制度改革。整合城乡居民基本养老保险制度、基本医疗保险制度。推进城乡最低生活保障制度统筹发展。建立健全合理兼顾各类人员的社会保障待遇确定和正常调整机制。完善社会保险关系转移接续政策，扩大参保缴费覆盖面，适时适当降低社会保险费率"①。编织基本保险网，健全基本养老、医疗、工伤、失业、生育等基本保险制度，进一步提高保险覆盖率和保障水平；编织综合性社会救助网，完善最低生活保障制度，发展专项救助和临时救济，充分发挥慈善组织作用，积极开展流浪儿童保护教育工作，加强对服刑人员子女的教育、服务、救助和管理工作；编织医疗救助网，做大做强慈善事业，拓宽慈善捐资渠道，建立重大疾病、顽固慢性病、职业病以及因自然灾害、交通事故、生产事故致病致残人员救助制度，建立肇事肇祸精神病人排查、送医、治疗等救助机制；编织教育保障网，加强基础教育，制定长远规划、建立长效机制，建立品学兼优、家庭贫困学生救助制度，积极解决社会闲散青少年的就学、职业培训问题；编织就业保障网，积极开展职业技能培训，有效提升居民就业能力，拓宽就业渠道，公共服务领域岗位优先面向户籍居民，优先解决户籍居民就业困难。

五　构建特殊群体管理帮教网

编织高危人群动态管控网，加强重点人员信息汇总与分析，形成高危人群名单，不断拓展延伸流动人口信息采集和重点人口的发现管控工作范围；编织社区矫正和帮教安置网，完善和规范流程、措施、办法、标准和考核工作机制，切实加强社区服刑人员管理、思想教育、法制教育、社会公德教育，组织开展公益劳动，加强对刑释解教人员的教育，帮助解决就业、就学、生活等实际困难，促进其顺利融入社会，最大限度防止重新违法犯罪。编织重点人员稳控网，对排查掌握的重点人员，明确稳控责任领导，落实调处责任部门、人员，切实将苗头隐患解决在萌芽状态，切实将重点人员稳控在基层。

---

① 《中共中央关于全面深化改革若干重大问题的决定》。

六　构建工作成效考核评估网

没有压力就没有动力，没有考核就难以落实。编织各级领导班子年度考核网，将"织网工程"纳入党政全局工作，纳入各单位领导班子和领导干部的年度考核中，充分发挥党委总揽全局、协调各方的领导核心作用，增强各级领导班子狠抓"织网工程"工作的积极性和主动性。编织综治目标管理责任制考核网，进一步明确综治目标和管理责任，更加科学、全面地评价各办事处、各成员单位落实综治责任制情况，坚持对先进集体和先进工作者进行表彰奖励，增强综合治理工作的荣誉感；严格落实综治"一票否决权"制度，增强综合治理工作责任感；健全重大工程项目建设和重大政策制定的社会稳定风险评估机制，推动政府职能部门依法行政，从源头上减少矛盾；完善社会治安评估分析制度，对各办事处社会治安情况按季度、年度进行评估分析，纳入年度考核，促进各办事处、相关成员单位不断提升综治工作水平，有效推动"织网工程"。编织专项工作考核网，进一步加强安全生产责任制考核、计划生育管理目标责任制考核等专项考核，推动重点工作网、专项工作网建设。

第二节　"强本固基"——不断完善社区服务体系，夯实社会建设地基

"基础不牢，地动山摇。"如果说社会建设在中国特色社会主义各项事业中处于基础性的地位，那社区服务体系的建设则是"基础中的基础"。所谓社区是指居住生活在一定范围内的人们的共同体，从类型上分析，可以分为农村社区和城市社区。其中城市社区主要指在城市一定区域中由不同职业、不同身份的人们组成的生活共同体。社区建设是在我国改革开放以来社会结构出现重大变革的基础上产生的新实践，由于计划经济时代大量的单位人在新时期以来逐步转变为社会人，政府如何管理脱离了单位管辖的社会人就成为一个日益凸显的社会问题。同时，加强社区建设也不仅是管理的单项维度，更是政府提供的一种服务，是国家治理体系和治理能力现代

化的重要组成部分。

因此，从定义上分析，当前我国的社区建设主要是指，在党和政府的领导下，按照依法治国原则，依靠社区基层自治组织，依托社区资源，对基层的政治、经济、文化等资源进行整合，强化对基层社会的治理和服务。在社区建设的过程中应当坚持正确的原则。

第一个原则是以人为本原则。政府管理部门必须本着以人民群众的利益为出发点和落脚点的原则，关心基层群众最关心、最直接、最现实的利益问题，在日常生活中为群众排忧解难，让每个群众都能够生活得更幸福、更有尊严，通过社区建设不断满足基层群众日益增长的物质文化需求。

第二个原则是尊重居民自治原则。城市的居民委员会是当今社会一种重要的非政府组织，按照十八届三中全会的改革原则，政府不仅要正确处理和市场的关系，也要正确处理和社会的关系。对于不应由政府来管理，或者政府管理效率比较低下的领域，政府必须有所不为，不可"越位"。因此，政府在社区建设的过程中必须尊重社区自治组织自我管理和自我监督的能力，不要随意"越俎代庖"。在社区内部要实行充分的民主管理、民主监督、民主参与、民主决策，帮助居民实现自我管理、自我教育、自我监督和自我发展。一个社会的根本活力一定来自民间和基层的活力，而基层社会的活力则来自自治和民主机制的有效实施。

第三个原则是整合资源，集中力量原则。社会建设的主体不是孤立的，必须全社会共同关注，形成合力。除了政府加大对社区建设的关系和投入力度之外，社区建设也需要根据实际情况探索引入企业、驻社区单位、志愿者协会等非政府组织以及居民个体的有效参与机制，激发出全社会共同支持社会建设的强大原动力。

第四个原则是依法治理，注重规则意识和程序意识原则。习总书记曾多次强调依法治国的重要性，他指出："弘扬社会主义法治精神，努力培育社会主义法治文化，让宪法家喻户晓，在全社会形成学法尊法守法用法的良好氛围。我们要通过不懈努力，在全社会牢固树立宪法和法律的权威，让广大人民群众充分相信法律、自觉运用法律，使广大人民群众认识到宪法不仅是全体公民必须遵循的行为规范，而且是保障公民权利的法律武器。"①

　　因此，在社区建设中也要注重法治原则，一方面，政府必须按照法治原则去治理基层社区，严格依法行政，不可超越宪法和法律限定的范围，尤其要尊重和保障基层社区居民的基本权利。同时，社区居民也必须在内心深处切实树立法治精神，尊重宪法和法律的权威，严格按照法治原则和法律规定的方法去行使居民所拥有的自我管理和民主监督的权利，不可出现违背公开公平公正原则的弄虚作假和暗箱操作。

　　第五个原则是因地制宜，从实际出发原则。矛盾是具有特殊性的，在哲学上的启示就是要坚持具体问题具体分析原则。大到建设国家如此，小至社区建设也是如此。由于我国当前发展存在的不平衡性，不仅城乡之间、地区之间的经济社会发展存在着巨大的差距，一线城市和二三线城市的具体发展情况也存在着较大的差异，甚至同一个城市的不同区域之间也存在着差别。所以，当前进行社区建设必须坚持求真务实、因地制宜的原则，注重调查研究，大量搜集第一手材料，科学、客观、全面地评估本地社区建设的发展基础、历史遗留问题、优势和短板等基本情况，并在此基础上通过专业的科学论证得出支撑未来发展的可行性措施。

　　在建设具有深圳精髓、新区风貌、光明特色的社区方面，新区具有一定的开拓性，并积累了丰富而成熟的经验。主要表现为以下几个方面。

一　创新社区服务模式，深入推进"幸福社区"创建工作

　　自 2008 年试点开展社会工作以来，新区不断创新社区服务模式，做大做强社区服务中心，全面建成社区家园网，为新区青少年、妇女儿童、老年人、残疾人等群体提供了心理辅导、情感支持、纠纷调解等专业服务，成效显著。

　　1. 做大做强社区服务中心

　　新区高度重视社会建设工作，社区服务中心建设是创新社区服

---

① 习近平在首都各界纪念现行宪法公布施行30周年大会上的讲话，2012 年 12 月 4 日。

务模式、推进社会建设、构建社会和谐的一项重要举措。目前，光明新区已实现 28 个社区服务中心全覆盖，市和新区每年投入资金1400 万元。组织社区服务中心，开展社工进企业、进工业园区和重大节日社区主题活动，扩大服务规模和领域，满足群众多元化的精神文化生活需求。积极协调将社区服务中心建设列入新区第二批"幸福社区"建设项目，向新区社工委争取 200 万元资金，进一步提升场地环境、完善活动设施、强化服务功能，提高服务质量。

2. 举办社区家园网培训班

根据市社工委、市民政局的要求，要依托社区服务中心在每个社区建成面向社区居民富有社区特色的社区家园网站，使居民足不出户即可办理社区事务，享受各类服务，满足社区居民的不同需求，促进服务机构提升工作效率。新区在光明成人文化技术学校举办了新区社区家园网培训班，由承建单位为各社区站点管理员集中统一授课，进行现场指导建站。通过学习培训，各站点管理员有效掌握了如何建站、日常运营管理等业务系统。目前，新区已全面建成了社区家园网，由社区服务中心负责运营管理。

3. 全面推广社区居民议事会

社区居民议事会以"畅通渠道、汇集民意、促进参与"为原则，在社区党组织的领导下，由居委会负责召集和主持。目前，新区 28 个社区均成立了社区居民议事会，通过民主选举方式产生了社区居民议事代表。社区居民议事会每季度召开两次会议，围绕社区建设规划、市容环境、文教体卫、社区治安和社区重大决策、重大财务支出，涉及社区发展和居民利益、居民共同关心的议题进行商议酝酿，并将议事结果定期在社区居务公开栏通报全体社区居民，自觉接受社区居民的监督。社会建设局制定了《光明新区社区居民议事会议事规则》范本，印制上千本《光明新区社区居民议事会会议记录本》。公明办事处结合股东代表常任制，光明办事处结合居民代表机制，全面推广社区居民议事会，并进一步规范社区居民议事会，指导社区居民议事会引入非本地户籍居民代表。

4. 拓展社区公益服务渠道

新区以光明办事处作为试点，启动社区志愿公益服务项目，社会建设局制定了相应的项目实施办法及绩效考核规定，新区财政安排了专项资金确保项目实施；开展多场主要面向低保户等困难人员的户籍人员专场招聘会，组织推荐辖区残疾人到企业工作，开展轻度残疾人帮扶重度残疾人工作。同时，针对光明新区低保户多、分布不均的实际，新区充分发挥大部制体制优势，创新工作方法，进一步拓展了公益服务的内容和渠道。

二　强化末梢管理，选派社区"第一书记"

新区选派"第一书记"的根本目的，就是从全面夯实基层基础的需要出发，深入推进基层区域化党建，以健全和规范社区综合党组织运行机制为抓手，以整合社区资源服务群众为重点，充分发挥社区综合党组织推动社区经济社会全面发展、健全完善民主法治、维护社会和谐稳定等方面的积极作用，不断提升党在城市社区的执政能力，巩固党在城市社区的执政基础。为此，新区在选派上不是仅仅面向后进社区，不搞试点社区，而是对全部 28 个社区全面选派。通过各单位严格推荐、组织部门全面考察、新区党工委集体研究等程序，最终从新区、办事处机关事业单位推荐的 41 名候选人中，择优挑选 27 名干部担任"第一书记"，加上由办事处干部任凤凰社区综合党委书记，实现了对 28 个社区的全覆盖，建成一支促进社区发展的"生力军"。新区要求各机关事业单位推荐的人选必须为正科级及以上党员领导干部，或担任实职的七级及以上职员，其中副处级后备干部优先考虑。最终确定的 27 名人选中，新区机关事业单位选派了 14 人，公明办事处选派了 9 人，光明办事处选派了 5 人。其中科长 21 名，七级职员 6 名，博士研究生学历 1 名，硕士研究生学历 8 名，平均年龄 40 岁，都有至少 3 年以上基层工作经历。这批"第一书记"，在单位中都是业务骨干，政治意识强，协调能力强，并且对新区基层的情况比较了解。为了保持挂点指导社区工作的连续性，让"第一书记"以最快速度进入工作状态，在将"第一书记"与任职社区进行匹配的时候，原则上，"第一书记"所在单位挂点哪个社区，其本人就下派到哪个社区。光明新区要求"第一书记"在前三个月全脱产任职，确保工作质量和锻炼效果。光明新区还专门制定了《社区综合党组织"第一书记"管理暂行办法》，以确保夯实基层和锻炼干部的双向工作目标得以顺利实现。《办法》共分8章46条，对组织实施、人选产生、工作职责、工作纪律、工作机制、考核与奖惩等方面明确规定。其中对"第一书记"的职责，主要定位为指导、监督、协调社区工作，及时向新区党工委汇报工作情况，强化党对基层工作的领导，完善社区工作制度，"第一书记"不直接决定社区工作决策。具体包括了加强基层组织建设、开展基层工作调研、加强社区制度建设、积极培养社区干部、提升社区经济发展水平、维护社区和谐稳定、推动解决重点难点问题、主动联系服务社区群众、加强社区工作检查监督、加强沟通联系等10个方面职责。作为一项长期性的改革创新项目，光明新区注重为选派"第一书记"工作注入源源不竭的动力。为此，新区将"第一书记"考核与干部考核挂钩，与干部使用挂钩。对"第一书记"的考核分为初期考核和任期考核，初期考核在任职3个月后进行，任期考核在一年任期结束后进行。为了体现考核的公平公正，考核工作在新区党工委领导下，由新区组织人事局牵头负责，从办事处、"第一书记"派出单位、社区综合党组织抽调人员组成考核组，考核时突出工作实绩和群众满意度。以考核激励干部，将党员干部担任过"第一书记"并考核称职作为提拔副处级干部的重要条件，任期考核结果为"优秀"的，优先作为副处级后备干部人选。这也意味着，机关事业单位党员干部有没有担任过"第一书记"，以及担任"第一书记"时的表现，将成为新区考察干部、提拔干部的重要一环。

三　进一步完善"楼长制"，加强社区流动人口管理

　　流动人口管理是社会管理工作中的一道难题。流动人口管好了，社会治安就管好了一大半，也等于城市管理搞好了一大半，社会建设和社会管理工作也就搞好了一大半。因此，光明新区紧紧抓住流动人口和出租屋管理这一焦点、热点、难点问题，用改革的精神、发展的办法、创新的思路，研究解决好影响新区社会管理的突出问题，在工作方式上进行了一系列创新，充分调动人民群众的积极性、主动性、创造性，形成社会管理合力，破解流动人口和出租屋管理

难题，取得了较好成效。

（一）创立出租屋"楼长制"，拓宽群防群治新路子

"楼长制"是光明新区充分利用大部制运转成果、创新社会管理服务机制、完善基层群防群治网络、构建新型邻里关系的一项创新举措。新区按照"政府主导、社会参与、自我管理"原则，在实施社区"网格化"管理基础上，原则上对三层以上出租屋都设立"楼长"，楼长由房屋业主或二房东担任，目的是把群众纳入管理机制中来，群防群治，凝聚民力、释放民力，全面加强实有人口管理与服务。"楼长制"的推行，有效遏制了出租屋内各类案件的发生，实现了实有人口管理的"四个根本转变"：

一是实现了由民警、综管员的"单打独斗"向群防群治的"千手千眼"转变。警力有限、民力无穷。以前我们管理一个社区几万甚至上 10 万人口，主要依靠一两个民警和几个综管队员，往往疲于应付，管理难以到位。自推行"楼长制"后，共设立楼长 11606 人，覆盖出租屋 10012 栋（部分楼栋设一名责任楼长、一名管理楼长），全方位调动了群众参与治安防范的积极性，在新区形成了片警、综管员、楼长"金字塔"形的管理格局，楼长成为社区民警的"千手千眼"，延伸了管理的"神经末梢"、延伸了工作手臂，真正做到了群防群治、共管共治。

二是实现了由粗放式、运动式管理向日常化、精细化管理转变。以前对外来人口和出租屋的管理，主要停留在大型活动、重大节假日期间的突击式检查，或者平时运动式的抽查，常常是治标不治本。楼长制实行后，我们主要借助信息化手段和视频门禁系统，通过抓流动人口信息"采集率"、"录入率"、"注销率"、"准确率"四率，将工作做在平时，实现了对出租屋内流动人员变动信息的及时采集，把治安防控触角延伸到每一栋、每一层、每一间出租屋，24 小时防控，做到问题及时发现、及时解决，不积累矛盾和隐患，实现了对本栋出租屋的全面管理，促进了管理的精细化。

三是实现了由单纯的治安防控向管理与服务并重转变。出租屋楼长在履行信息报送、治安防范等职责的同时，还积极协助政府积极做好社区服务有关工作，在宣传政策法律、排查化解矛盾纠纷、

采集人口信息、维护社区稳定、促进社会和谐等方面，发挥了积极作用，楼长既是流动人口管理信息员、治安防范协管员，又是义务消防员、法律法规宣传员、邻里纠纷调解员。"五员一身"楼长模式，进一步完善了新区社区服务体系，提高了社会服务的质量和覆盖面。

四是实现了管理对象由被动管理向主动参与转变。在传统管理模式下，出租屋经营者往往站在民警、综管员的对立面，对日常检查、信息登记等心存抵触，不愿配合。"楼长制"实行以来，我们通过科学的考核管理办法，将经营者的利益与政府的管理服务捆绑在一起，数以万计的出租屋"楼长"迅速转变了思想观念，从害怕警察"找麻烦"变成了治安防范积极分子，积极协助警方采集住户信息、反映问题，既缓和融洽了警民关系，又在强化管理力量的同时，降低了社会管理成本，提高了工作效率。

（二）探索"捆绑"业主和经营者责任，有效破解工商业出租屋安全监管难题

光明新区城市化起步较晚，基础设施薄弱，配套不完善，辖区内小档口、小作坊、小娱乐"三小"场所近 2 万家，安全监管压力大。针对这一难题，光明新区紧紧抓住工商业出租屋这一关键环节，按照"谁受益、谁负责"的原则，积极探索建立安全监管长效机制，研究制定《工商业出租屋安全管理实施办法》，明确了工商业出租屋业主和经营者的安全责任：

1. 科学制定工商业出租屋安全标准

明确小档口、小作坊、小娱乐场所的定义范围，对上述三类经营场所的留人值班标准，楼板、实体墙和防火门的材料要求，防盗网和逃生出口以及电气线路设置等方面的安全指标做了详细规定，确保工商业出租屋安全标准的合法性、实效性和可操作性，为明确业主和经营者的责任打下基础。

2. 明确工商业出租屋业主和经营者的安全责任

对工商业出租屋业主、经营者的责、权、利做出明确规定，规定业主为安全生产第一责任人，必须确保出租物业具备安全生产经营条件，并经常性监督承租人按照标准做好安全防控工作；经营者

为承租物业的安全生产直接责任人，必须确保经营场所符合新区制定的场所安全标准。业主、经营者与社区工作站三方签订《安全管理责任书》，《安全责任书》分为正、副本，正本挂在经营场所明显位置，副本由业主或经营者留存，以便对照落实和有关部门进行检查。

3. 建立对工商业出租屋的网格化定期巡查和责任追究制度

由社区工作站（或办事处属企业主管部门、工业园区主管部门）作为安全生产监督管理责任人，按照"属地管理"原则，由社区工作站牵头，各职能部门协调配合，实行"以块为主，条块结合"的安全管理机制。在认真做好工商业出租屋的摸底、建档工作基础上，社区工作站牵头每季度定期对工商业出租屋开展网格化安全生产巡查，对符合安全生产条件的，在责任书副本加盖检查合格印章；不符合安全生产条件的，立即向有关职能部门报告进行整治。办事处安监部门每年对工商业出租屋的安全生产条件进行年度审核，符合安全生产的，加盖公章继续经营；不符合安全生产的，立即停业整顿，并依法予以处罚。对于重大安全隐患等重难点问题，成立综合整治工作组，实行综合执法，强力消除安全隐患。对未落实安全责任的业主、经营者，实行行政、经济双重处罚，严格实行"埋单制"，促进业主和经营者安全责任落实。

4. 建立疏导规范制度

坚持堵疏结合原则，对整改后达到安全标准的工商业出租屋，协调各有关部门加快审批发证速度，及时发给临时营业证照，加快引导"三小"场所进入规范化经营轨道，不断提高业主、经营者落实安全生产责任的积极性，切实维护社会稳定；对不符合安全标准的工商业出租屋，实行整顿和教育相结合，一方面一律先责令经营者停产停业整顿，另一方面组织业主、经营者学习《工商业出租屋安全管理实施办法》等相关知识，严格按照相关规定进行整改，达到标准后方可拆封营业。

新区在实施工商业出租屋责任制以来成效显著。一是有效促进了业主和经营者安全生产责任的落实。二是有效防止了安全隐患反复回潮现象。三是有效疏导了"三小"场所无证无照非法经营现象。

四是有效改善了城市环境。"三小"场所不依法规范经营一度给城市管理带来难题。

（三）以信息化为载体，从信息采集录入入手，开创"旅业式"出租屋管理新模式

1. "一体式"达成共识，解决"谁来管、怎么管"的问题

一是坚持党委政府牵头、各职能部门齐抓共管的工作格局，在部门间达成共识。二是突破思想观念束缚，抓住屋主有租赁行为这一特征，将其定义为"旅业式"出租屋纳入公安机关管理范围，在公安机关内部达成共识。三是公安分局、派出所、社区三个层面向群众开展访谈，消除各方的思想顾虑，全区各界上下达成共识。

2. "拉网式"调查摸底，解决底数不清情况不明的问题

一是制定了统一详细的调查摸底表格，包括房屋类型、编码、经营规模、业主和"二房东"身份、有无牌证等方面内容。二是"两条腿"走路，即社区民警和综管部门出租屋管理员同步排查，确保全面掌握情况。三是采取分局抽查，部门间情况对比、派出所与社区交叉检查等三种核查方式。

3. "分步式"安装推进，解决屋主业主不配合的问题

第一步分类处理。一是对15间房以上必须安装"电脑终端"或"无线终端"，参照旅业进行管理。二是对15间房以下的提倡安装或与其他人合装。三是对不安装的，要求手工登记住客信息，必须每天分四个时段上报辖区警务室，对不配合的强制关闭。第二步全面铺开。将安装"电脑终端"或"无线终端"作为一项硬性标准强势推行。

4. "叠加式"督导检查，解决工作责任不落实的问题

一是将此项工作作为局长每周办公例会研究的内容。二是每个社区配备专职的社区警长和民警，成立75人的专职协勤队伍。三是实行"一天一战报"制度。四是坚持明察暗访。

5. "常态式"奖惩兑现，解决奖罚不分明和工作不坚持问题

出台了《光明新区旅馆和"旅业式"出租屋住客信息登记奖惩办法》，制定"5+5"奖惩措施，构建"常态式"奖惩机制。

通过以上"五式"管理工作法，新区主管部门率先从"旅业

式"出租屋管理上打开了突破口，初步破解了流动人口信息采集、高危人群动态管控的难题。主要表现为"四个转变"：一是实现了从"底数不清，情况不明"到"底数清，情况明"的转变。据摸查，新区共有此类场所537家。经过清理整治，已取缔关停82家，目前实有455家，其中有牌证的中小旅馆66家，"旅业式"出租屋389家。二是实现了从"不问身份，随意入住"到"甄别身份，凭证入住"的转变。之前"旅业式"出租屋都是管理的"真空区"，入住情况不清楚。通过凭证入住，信息化管理，真正实现了对非户籍人口的动态管理。三是实现了从"硬件不齐，登录不全"到"整体覆盖，全面采录"的转变。目前，全区中小旅馆和"旅业式"出租屋的"电脑终端"已安装266家，"移动终端"已安装189家，实现了安装覆盖率100%。四是实现了从"人员失控，案件多发"到"管控到位，零发案"的转变。

（四）试点"租赁通"，依靠信息化技术提升管理效率

近年来，城市化进程加快，经济快速增长，城市规模扩大，流动人口和出租屋剧增，社会管理难度和管理成本越来越大。因此，新区公明办事处出租屋综管所于2007年和中国移动合作，在合水口、楼村、红星、圩镇、西田、东坑、甲子塘和塘家这8个社区运用214台"租赁通"采集流动人口和出租屋信息，达到登记走访无纸化、信息反馈自动化、管理服务智能化，真正实现了"提高工作效率，降低社会成本"的目标。一是工作效率明显提高。根据测试，采用原有的工作流程进行完整的人员信息输入到上传至市办系统须耗时45分钟，采用"租赁通"采集信息以来，工作流程耗时仅需11分钟，工作效率提高了70%。二是管理能力得到提升。原来的手工采集信息，每名出租屋管理员人均管理出租屋300间套，人均每天走访7—8间出租屋；采用"租赁通"以后，人均管理出租屋500间套，每天人均走访17—19套出租屋，管理能力提高了66%。三是人力、物力资源有效节省。3个试点社区原需154名管理员，现只需106人就可管理同样数量的出租屋，人力节省了31.17%。

第三节　"以人为本"——推进新区民生事业改革创新

"发展为了人民，发展依靠人民，发展成果由人民共享。"要想更好地适应全面深化改革的形势，实现发展成果更多更公平惠及全体人民，就必须加快社会事业改革，解决好人民最关心最直接最现实的利益问题，维护弱势群体的利益诉求，努力为社会提供多样化服务，更好满足人民需求。特别是十八大以来，中央在全国推行群众路线教育实践活动，对社会事业而言就必须着力解决联系服务群众"最后一公里"问题，要强化问题导向，持续聚焦"四风"，把解决实际问题与作风问题结合起来，全面落实各项惠民政策。

与深圳其他兄弟区相比，年轻的新区基础较为薄弱，户籍人员结构较为复杂，老年人、残疾人等社会弱势群体和困难人员较多。新区认真贯彻落实中央、省市各项惠民政策措施，扎实开展各项帮扶解困工作，不断加大对低收入困难家庭、老年人、残疾人、孤儿、优抚对象等弱势群体的社会福利保障资金投入，累计投入超过亿元，切实保障了低保群众、残疾人和孤儿的基本生活，极大促进了适度普惠型老年福利的发展，有力保障了优抚对象的合法权益，有效加大了对临时困难人员的救助力度，解决了困难人员的燃眉之急。除全面及时落实中央、省市各项帮扶政策措施外，新区结合实际，制定出台了多项帮扶关爱政策措施，包括设立针对特困家庭子女和残疾学生的金秋助学奖学金，出台《光明新区残疾人辅助器具服务管理暂行办法》对辖区残疾人免费配送基本辅助器具，公布《光明新区户籍精神病患者住院治疗费用补助暂行办法》对辖区户籍精神病患者住院治疗费用进行补助，对新区困难和弱势群体的救助力度不断加大，福利保障体系逐步完善，社会救助水平显著提高。此外，新区还分别制定出台了《关于资助户籍困难居民重大疾病医疗暂行办法》、《关于资助劳务工重大疾病医疗暂行办法》和《关于自然灾害和突发性重大事故救助暂行办法》，对新区户籍困难居民或外来务工人员遇突发重大疾病或自然灾害事故提供医疗和生活救助。在全面落实社会福利保障政策的同时，新区坚持以人为本，十分注重对困难群体的人文关怀。每年"八一"期间，组织新区在册优抚对象进行免费体检，定期对新区重点优抚对象开展座谈或上门访谈活动，组织辖区老年人到深圳市眼科医院进行白内障检查，组织辖区残疾人和老年人参加各类文体活动，在元旦、春节、"八一"、重阳等节日期间，新区领导亲自带队对辖区各类困难群体开展上门"送温暖"走访慰问活动，代表党和政府对辖区困难人员送上节日的祝福。通过这一系列人文关怀活动，进一步加强了与困难群体的沟通和交流，提高了困难和弱势群体的社会参与度，促进了社会和谐。未来还要全面实施住房公积金制度，不断扩大住房保障覆盖面，加快推进"整体拆迁、统建上楼"工作，加快光明办事处保障性住房、广深港客运专线（光明段）拆迁安置房和同富裕二期安居工程等保障性住房建设，逐步解决群众住房难问题；推行公交优先，大力发展绿色公共交通，加快公交候车亭、公交场站等配套设施建设。加强新区与市中心区、各区和周边区域的交通联系，扩充新区范围内特别是龙岗盐田方向和东莞地区的公交班次，加大出租车运力投放，满足市民公交出行需求。以市容环境提升行动为契机，加快牛山公园、光明大顶岭森林公园和中央公园建设，形成由大型郊野公园、城市公园和社区公园构成的三级公园体系，基本实现社区公园的全覆盖。完善基本养老、基本医疗、失业、工伤、生育保险和最低生活保障制度，强化外来务工人员的社会保障管理，提高外来务工人员的社会保障覆盖率，使新区各险种参保率达到原特区水平。多种渠道筹集资金，加快光明新区社会福利中心（残疾人综合服务中心）建设，为老年人、孤儿和残疾人等群体提供社会福利。综合而言，新区在民生事业方面的成绩和改革创新经验主要有以下几方面。

一　教育事业方面的改革创新

首先，建章立制，完善服务机制，提升新区教育服务水平。根据多头管理，人事管理不顺，教育行政资源难以统筹，行政管理效能不高，新区内教育发展不均衡的状况，公共事业局主动汇报、沟通、协调，积极推进教育管理体制理顺工作。2013 年 5 月 30 日，根据新区机构编制委员会《关于公共事业局有关机构调整的通知（深光编〔2013〕30号）》和《关于新区教育科学研究管理中心（职业技术教育中心）名称、内设机构和人员编制调整的通知（深光编〔2013〕31号）》精神，从2013年7月1日开始，新区撤销两个办事处教育办，实施一级办学一级管理的教育管理体制，成立教育督导室，同时将教科研中心的行政管理职能全部划归公共事业局。其次，实行教育券制度，促进教育公平。从2011年7月11日开始，光明新区公共事业局在广东省内率先试行教育券制度，以教育券的形式对在光明新区合法民办学校就读的符合深圳市"1+5"人口管理政策的学生按学期发放学位补贴，初中每学期3000元，小学每学期2500元。截至2014年3月，累计发放教育券14909张，折合财政投入3914.55万元。以教育券形式实施义务教育阶段学位补贴，通过赋予家长选择民办学校的权利，既有利于促进民办学校提高教师待遇、改善办学条件、形成民办学校良性竞争局面，又有利于实现"同样双免、同等待遇"，促进了教育公平，受到学生家长好评和社会关注。最后，建立帮扶机制，推动新区教育均衡发展。自2012年9月起，光明新区10所公办学校对10所民办学校进行为期3年的"一对一"帮扶。主要在教育教学硬件、学校管理水平、教育教学工作、教师专业素养等方面对民办学校进行帮扶。据2013年统计，帮扶双方班子研究交流59次，教师到对方听课研修832人次，互派学生参加活动1060人次，骨干教师到结对学校挂职38人次；共同参与教育教学课题研究30个，共同举行教学质量检测24次，帮扶学校到新区上示范课220节，听评课520节，对新区教师培训45次，培训人数1451人次。结对学校形成了良好的互动交流机制，市教育局称结对帮扶是继新区试行教育券制度以后的又一创举，近期将在全市推广。

针对新区归侨侨眷受教育水平普遍不高的情况，通过发挥侨务部门的积极作用，吸引社会资源参与其中，帮助新区有经济困难的归侨侨眷子女完成学业，确保归侨侨眷新生代受教育的权益，提高就业竞争力，从根本上解决归侨侨眷的贫困问题，保障侨区长远发展。主要创新举措有：

（1）实施"金色朝阳"归侨儿童成长辅导项目。联合"壹家亲"社工机构开展"金色朝阳——归侨子女成长教育计划"，为归侨侨眷家庭的子女提供课后免费学习辅导、个案服务（解决儿童成长困扰和偏差行为）、小组服务（通过成长小组等促进多元智能发展）、特色服务（抗逆力训练，以面对社会的急剧变化及成长中的挑战）和家访社区服务等免费成长教育辅导。

（2）开展"曙光助学"、企业"一对一"和慈善扶侨助学活动。联络社会组织，整合社会资源，号召和发动企业、侨团、慈善机构开展捐资助学，为高中阶段或以上在读困难归侨侨眷家庭子女就学提供经济援助，帮助家庭经济困难的归侨侨眷子女顺利完成学业。

该项目在实践中也取得了良好的效果，"金色朝阳——归侨子女成长教育计划"开展两期以来，共为117名归侨子女提供8630人次17260小时的课业辅导，帮助了约40名归侨子女大幅度提高学习成绩，改善了11名儿童的不良行为，纠正了5名家长的暴力教育，调整了7个家庭的亲子关系，归侨儿童成长辅导项目成效显著。目前，该项目正在开展第三期，将为40名归侨侨眷子女提供为期5个月的免费辅导服务。对辖区内129名在读全日制大专以上的困难归侨侨眷子女，通过发动侨企及慈善机构实施助学帮扶，帮助他们完成学业。截至目前，已发动深圳市归侨侨眷企业家联合会、深圳市新的社会阶层人士联合会和深圳市侨商关爱基金会等社会资源参与其中，为30户困难归侨侨眷家庭子女发放助学金14.7万元。

二　医疗事业方面的改革创新

不断夯实基础，创新管理模式，加大新区医疗服务力度。新区自成立以来紧抓事关新区卫生事业发展的基础性工作，加强医疗配套设施建设，大力改善人民群众看病就医体验，积极开展对外交流与协作，提升医疗学科建设水平。主要表现为：第一，顺利完成两轮公共卫生机构改革，展现大部制工作活力，提高公共卫生工作能力。先后完成两轮公共卫生机构改革，将公明、光明卫生监督所（预防保健所）整合成新区疾控中心和新区卫生监督所，其中区级疾控中心成为全市首家财政全额拨款单位。新明医院、新区人民医院、光明医院建设项目均已顺利开工，预计床位增加至 2300 张。同时，积极回应群众呼声，想方设法，争取资源，缓解群众"住院难"问题。目前，新区人民医疗获批床位 350 张，中心医院获批 100 张，新区公立医院编制床位达到 900 张。新区公立医院门、急诊量从 2007 年的 182 万人次增长到 2013 年的 283 万人次，增幅达 55.49%，出院人数从 2.3 万人增长到 3.4 万人，增幅达 47%，业务总收入从 2.17 亿元增长到 4.99 亿元，增幅达 86.64%。第二，创新管理举措，优质服务，医疗护理水平明显提高。2013 年，公立医院率先实施"先诊疗后收费"政策，全面开放门诊各科室的预约挂号服务，实行网络预约、电话预约、现场预约、自助预约等"全方位"多层次预约体系，并不断创新服务形式，采取错峰作息，开设双休日门诊及延时服务等措施，最大限度地满足群众看病就医的需求。2013 年，在全市新一轮医保等级评定中，新区人民医院、光明医院和宝田医院 3 家医院全部入榜社保 AAA 级医院，并在全市第二和第三季度医疗卫生窗口行业公众满意度评比中争得上游。第三，不断完善社区健康服务体系，优化医疗资源纵向配置，着力增强社康诊疗服务能力，提升了社区群众生活品质和幸福指数。新区 29 个社康开展了家庭医生服务，拥有家庭医生服务团队 73 个，已与 12034 户家庭（38369 人）签订了家庭医生服务协议，提供家庭医生服务 48571 人次，进一步夯实了医生和居民契约服务关系，初步形成了"小病在社区、大病进医院、康复回社区"的就医模式。此外，新区还开展活动，完善责任制度，提高新区计生服务满意度。因地制宜地制定了流动人口计生工作管理规划，取得了良好的效果。

此外，为加强新区残疾人医疗康复服务，完善残疾人医疗救助制度，减轻新区户籍精神病患者家庭的实际困难，防止精神病患者肇事肇祸事件发生，新区残联于 2012 年 4 月 12 日制定了《光明新区户籍精神病患者住院治疗费用补助暂行办法》（深光残〔2012〕1 号），组织实施新区精神病人分类补助办法。制定根据家庭经济状况、住院机构和住院时间等情况，创新住院精神病人实行分类补助的办法，具体创新措施如下：（1）家庭人均月收入低于最低生活保障标准 1.5 倍（简称"低收入家庭"），且在定点机构住院治疗的精神病患者，按扣除各类医疗保险报销后自费部分的 80% 予以补助，最高补助金额每年不超过 12000 元。（2）家庭人均月收入高于最低生活保障标准 1.5 倍，且在定点机构住院治疗的精神病患者，按扣除各类医疗保险报销后自费部分的 60% 予以补助，最高补助金额每年不超过 8000 元。（3）凡在非定点机构住院治疗的精神病患者，均按扣除各类医疗保险报销后自费部分的 50% 予以补助，最高补助金额每年不超过 6000 元。（4）无生活自理能力、无生活来源且无法定监护人或法定监护人无监护能力的须长期住院的重性精神病患者，采取送往广东省第三荣军医院定点托养治疗的方式，实行全额补助。在残疾人生活帮扶方面：加强服务机构建设，建立社区残疾人日间照料服务中心。为贯彻落实《深圳市残疾人事业发展"十二五"规划》，完善新区残疾人服务设施，健全残疾人服务体系，提升新区整体社会福利水平，满足辖区残疾人的托养需求，摸索创新为社区残疾人提供综合服务模式，试点建设社区残疾人日间照料服务中心，为符合日托条件的残疾人提供生活照料、康复训练、辅助性就业、文体活动以及生活能力训练、精神疏导等服务。创新建立为社区残疾人提供生活照料、康复训练、辅助性就业、文体活动以及生活能力训练、精神疏导等服务的综合平台，填补残疾人居家康复和重度残疾人机构康复之间的服务空白，进一步完善残疾人服务体系。在深入开展调研的基础上，分别选取楼村和新羌社区作为项目试点社区，并研究制订了项目试点建设方案。

三　文体事业方面的改革创新

文体事业是人的素质全面发展的必然要求，也是老百姓在生活中的迫切需要。近年来，新区各地普遍注重兴建大型文体场馆，但很多场馆使用率不高，惠民利民程度不高。文体系统紧抓文体惠民主线，以大型场馆建设及小型文体设施进社区、进企业双轮驱动文体织网工程。首先，一方面，新区体育中心、群众体育中心、图书馆、文化馆等两馆两中心相继投入使用，服务新区群众；另一方面，文体系统积极推进文体设施进社区，建设街道级文体中心大楼 2 座，图书馆 2 个，文化广场 2 个，实现了"一社区一图书馆"的建设目标，设立"城市街区 24 小时自助图书馆"11 处。其次，按照"一社区一品牌，一街道一特色"的总体思路，深入挖掘各社区优势文体资源，鼓励各办事处举办如公明元宵灯会、醒狮巡游，光明办事处麒麟队、威风锣鼓队、合唱团等各具特色的文化活动品牌，鼓励广大文艺工作者加强原创性作品的创作生产，促进新区文艺精品快速发展。再次，整合文体资源，打造惠民一卡通。惠民一卡通通过吸纳、整合新区两馆一中心、辖区影院、书城等众多文体资源，通过将新区优质文体资源纳入惠民一卡通，构建文体资源统一平台，扩大新区优质文体资源影响力，吸引更多市民享受丰富、全面的文体资源。深度盘活新区文体资源，让新区文体场馆、设施物尽其用，使新区市民畅享文体之乐。惠民一卡通以群众需求为导向，切实服务群众，使市民持卡便可享用新区优质文体资源。通过打折优惠，让更多的市民享受更加便宜的文体资源，促进新区幸福导向性文化体育事业的发展。最后，创新机制，优化管理平台，加强新区文化执法建设。通过配备手提电脑、便携式打印机、无线上网卡等装备，协助现场执法制作、填写、打印执法文书；使用网上办公系统对公文、综合材料等进行处理，传输巡查信息、传达工作要求；全面推行使用综合执法办公系统，进一步提升综合执法能力、规范综合执法行为、提高执法效率，实现"一站式"信息化执法。目前，文化执法大队已完成此项创新工作，在日常执法工作中全面使用现场电脑打印、传送数据，大大提高了执法的效率，提升了执法的规范性。一是因"类"制宜，推行分类动态执法，覆盖全面与突出重点相结合。将全区持证文化经营场所根据全面检查评分（包括安全生产）情况分为三星级、二星级、一星级三类，分类确定企业级别（按星级颁证挂牌），依序递增检查频次（三星级的三个月检查一次，二星级的两个月检查一次，一星级的每两周检查一次），并定期（每半年一次）综合检查结果，实行级别升降管理（重新挂牌），进而实现差别化监管，增强企业自我提升的自觉性。二是因"物"制宜，推行信息化执法，助推工作提速提效。为执法人员配备了手提电脑、便携式打印机、无线上网卡等装备，现场执法用手提电脑、打印机填写制作、打印文书表格；使用网上办公系统对公文、综合材料等进行处理，传输巡查信息、传达工作要求；全面推行使用综合执法办公系统，进一步提升综合执法能力、规范综合执法行为、提高执法工作效率。三是因"事"制宜，推行动漫化普法。制作安全娱乐、安全上网、安全观影三部温馨提示动漫片，分别在全区歌舞娱乐场所、网吧、影剧院安装并利用技术手段强制性播放，针对消费者进行消防安全、食品安全、遵纪守法等方面的宣传教育，提高消费者安全娱乐意识和应急自救能力。

四　就业工作方面的改革创新

就业问题不仅关系到人民群众的生计，而且关系到人民群众的尊严。就业工作有不同的对象，在高校毕业生方面，以机关干部与高校毕业生开展一对一就业帮扶为主要形式，重点解决家庭生活困难的户籍高校毕业生就业。（1）开展就业推介专项行动，以组织特色化主题活动为抓手，送岗位。针对帮扶对象的特点和就业、创业需求，开展职业见习、就业观教育和就业培训、创业推广、专场招聘会等就业援助主题活动，提高就业援助实效。（2）确定帮扶名单：由新区社会建设局会同办事处等相关部门，对认定的援助对象信息进行核实，确定帮扶名单。（3）确定帮扶分配：每位机关干部负责帮扶一名未就业高校毕业生（以新区近2—3年毕业、目前仍未就业的户籍大学生为帮扶对象）。

在残疾人就业方面，为促进残疾人就业、改善残疾人民生，整合新区就业、慈善、残联等职能资源，借助商会、职介所、行业协会等社团的资源平台，集中力量开发一批就业岗位，帮扶一批残疾人就业，促进残疾人改善民生。（1）开展残疾人就业状况调研。通过入户调查走访等方式，实名掌握就业年龄段残疾人就业、失业底数和培训需求，依托街道、社区，建立新区、街道、社区残疾人就业三级台账。（2）进行企业用工信息普查。加强与公共就业服务机构的信息沟通，同时走访50家以上辖区重点企业，发放上千份用工需求调查，及时掌握用人单位用工需求，通过按比例安排残疾人就业单位的空岗开发、公益性岗位开发等渠道，全面掌握用人单位用工信息。（3）召开意向企业岗位对接座谈会。通过前期企业走访、商会、慈善会会员企业动员发动等环节，选取意向企业，召开座谈会，进一步确定企业招用残疾人的岗位信息、薪金安排、劳动权益保障等具体事宜。（4）组织残疾人专场招聘会。组织残疾人就业招聘会，为残疾人求职和用工单位招用残疾人提供服务，在残疾人和用人单位之间搭建桥梁。

在现有户籍人口就业方面，通过在新兴项目中开发更多针对户籍人员的就业岗位，促进户籍人员就业。政府部门通过促进就业联席会议，规定新兴项目企业的供岗义务，由政府与新兴项目企业签订户籍人员岗位援助协议书，新兴项目企业（主要是拿地企业）拿出确定数量的（根据项目大小确定 5—10 个岗位名额）岗位用于且只用于招录户籍人员，并维持户籍人员在岗的动态稳定。

在促进就业的机制体制方面，光明新区也不断探索，大胆创新，有所突破。主要表现为：建立由政府部门、企业及社会团体、职介职培教育机构等组成促进就业三方联动机制，实现用工信息、培训信息和就业信息共享，帮助企业更好招工，失业人员更好就业。（1）搭建促进就业三方联动平台。成立由辖区政府劳动部门、企业及社会团体、职介职培教育机构组成的促进就业三方联会，搭建三方联动就业服务信息系统，建立企业空岗信息库、失业人员信息库、职业培训项目信息库，在政府主导下实现三方的用工信息、培训信息和就业信息共享，并创建企业实训实习基地，促进新区劳动力供求平衡，推动新区产业升级，缓解大中专院校毕业生就业压力和解决企业方招工难问题。（2）建立促进就业三方联动机制。建立三方联席会议制度，以三方联动机制领导小组办公室为据点，由办公室负责召开联席会议，每季度至少召开一次。主要总结上阶段各方工作开展落实情况，听取各方意见和建议，梳理分析就业动态信息，解决重难点问题，部署下阶段重点工作。本着各司其职、互惠共赢、促进就业的原则，明确政府劳动部门、企业及社会团体、职介职培教育机构三方的职责分工。

第六章

光明新区创新进程中的党建工作

　　加强和改进党的建设是一项伟大工程，针对此项历史课题，党的十八大报告明确提出："我们党担负着团结带领人民全面建成小康社会、推进社会主义现代化、实现中华民族伟大复兴的重任。党坚强有力，党同人民保持血肉联系，国家就繁荣稳定，人民就幸福安康。形势的发展、事业的开拓、人民的期待，都要求我们以改革创新精神全面推进党的建设新的伟大工程，全面提高党的建设科学化水平。"① 这是新时期中央对党的建设提出的新部署和新要求。基层党组织建设则是整个党建系统工程的重要组成部分和关键环节，加强和改进党的基层组织建设对于党的建设新的伟大工程而言具有基础性的战略意义。中国共产党一向注重党的基层组织建设，可以说严密而科学的党的基层组织建设是中国共产党的一项光荣传统和重大优势，在领导全国各族人民进行推翻"三座大山"的新民主主义革命中做出了突出贡献，正是由于中国共产党重视党的基层组织建设，才能够在白色恐怖、敌强我弱的形势下立足农村，通过武装斗争、党的建设和根据地建设等方式不断实现自身发展，获得了人民群众的广泛支持，并具有强大的凝聚力和战斗力，最终打败了国内外反动派，建立了新中国。在新中国成立后，党由革命党变为了执政党，领导全国各族人民进行社会主义革命和社会主义建设，在此历史阶段中，党的基层组织在团结广大人民群众为社会主义现代化建设而奋斗的过程中也有着不可取代的重要作用。

---

　　① 胡锦涛在中国共产党第十八次全国代表大会上的报告。

随着改革开放事业和社会主义市场经济向纵深发展，中国的社会结构和利益主体出现了重大变革，凝聚人心，凝聚共识，团结社会各阶层人士为实现十八大部署的"两个一百年"宏伟目标，为实现中华民族伟大复兴的中国梦而努力奋斗的过程中，党的基层组织建设的任务不是减轻了，而是更加艰巨了，党的基层组织建设的地位不是下降了，而是更加重要了。据此，党的十八大对关于党的基层组织建设做出了重点论述，对未来一段历史时期党的基层组织建设的重点和方式方法进行了高瞻远瞩的战略部署，十八大报告中指出："党的基层组织是团结带领群众贯彻党的理论和路线方针政策、落实党的任务的战斗堡垒。要落实党建工作责任制，强化农村、城市社区党组织建设，加大非公有制经济组织、社会组织党建工作力度，全面推进各领域基层党建工作，扩大党组织和党的工作覆盖面，充分发挥推动发展、服务群众、凝聚人心、促进和谐的作用，以党的基层组织建设带动其他各类基层组织建设。健全党的基层组织体系，加强基层党组织带头人队伍建设，加强城乡基层党建资源整合，建立稳定的经费保障制度。以服务群众、做群众工作为主要任务，加强基层服务型党组织建设。以增强党性、提高素质为重点，加强和改进党员队伍教育管理，健全党员立足岗位创先争优长效机制，推动广大党员发挥先锋模范作用。严格党内组织生活，健全党员党性定期分析、民主评议等制度。改进对流动党员的教育、管理、服务。提高发展党员质量，重视从青年工人、农民、知识分子中发展党员。健全党员能进能出机制，优化党员队伍结构。"① 据此，光明新区在十八大以来，一方面把中央关于全面从严治党的基本部署作为根本遵循和根本指南，另一方面紧密结合光明新区的实际情况和本地特征，贯彻落实中央关于全面从严治党各项战略部署，致力于夯实基层党组织建设，提高基层党组织的凝聚力和战斗力，致力于打造一支善于学习、严于律己、具有担当精神的干部队伍，致力于严格执纪执法，营造出风清气正的政治生态。

---

① 胡锦涛在中国共产党第十八次全国代表大会上的报告。

第一节 发挥基层党组织"战斗堡垒"作用，打造区域化党建新格局

中央组织部、中央党的群众路线教育实践活动领导小组要求各级党组织认真贯彻落实习近平总书记重要批示精神，把加强基层党组织建设作为整改落实的重要任务，着力解决联系服务群众"最后一公里"问题。新区在基层党组织建设的创新方面有很多成功的探索和创新，主要表现为区域化党建新格局。

随着新区经济的不断发展，城市化进程的快速推进，涌现出大量"社区人"，作为城市基层的社区日益成为城市管理的重心，成为新形势下构建社会主义和谐社会和巩固党的执政基础的重要阵地。社区在城市建设与管理中的地位和作用越来越突出，社区日益成为公民参与社会事务、表达诉求的重要平台。实施扎根凝聚工程，全面推进基层党建工作区域化，有利于改进基层党组织设置模式，实现对整个区域党的组织和党的工作全面覆盖；有利于建立区域一体的党员动态管理机制，加强对党员特别是流动党员的教育、管理和服务；有利于将各类基层组织纳入党的工作网络，推进基层民主政治建设，促进区域和谐共建；有利于建立健全密切党群联系和服务基层、服务群众的长效机制，促进社会和谐。区域化党建要求打破条块分割的局面，逐步建立以块为主，条块结合的党组织管理新体制，增强办事处、社区对驻区内单位党组织的组织和协调力度，从而推动区域化党建向前发展。优化组织设置，整合党建资源，创新活动方式，使党组织、党员及其他各类组织、群体在区域化党建工作平台上找准各自的着力点，构建"共驻、共建、共享"的和谐局面，促进区域和谐发展、推动区域科学发展。

从区域化党建的实施目标上分析，全面推行"社区综合党委+兼职委员"制度，构建一个区域统筹的组织模式；大力开展"五进社区"活动，打造一支上下联动的服务队伍；坚持条块结合、资源共享，建设一批集约利用的阵地平台；坚持各方联动、共驻共建，建立一套科学有效的工作机制。新区将于规划的时间内，对基层党组

织进行全面整合，在全市率先建立以块为主、条块结合、优势互补、共建共管的基层区域化党建新格局，使基层党组织成为服务群众、凝聚人心、优化管理、维护稳定的坚强堡垒，在建设新区平安文明和谐社区中发挥领导核心作用。

综合分析全国各地有关区域化党建的理论和实践，从定义上分析，所谓区域化党建，是指在城乡经济社会结构转型、统筹一体化的背景下，按照区域统筹的理念，运用现代管理科学和信息科技手段，在一定的区域范围内，统筹设置基层党组织，统一管理党员队伍，通盘使用党建阵地，形成以街道党工委为核心、社区党组织为基础、其他基层党组织为结点的网络化体系。作为全市首个区级党建工作规划，光明新区《2010—2015年基层党建工作规划》明确了实现新区党建工作的跨越式发展，在全市率先建立以块为主、条块结合、优势互补、共建共管的基层区域化党建新格局，争当基层党建工作示范区的总体目标，创造性地提出了党群服务中心建设工程、带头人队伍建设工程、大学生"村官"战略工程、党员素质教育培训工程、党内基层民主建设工程、党员创业就业工程等六大工程，以及创新工作模式、创新工作机制、创新活动载体等5个方面12项工作措施，系统勾画出了实现党建工作跨越式发展的蓝图。因此，这部规划的出台受到了中央、省、市党建专家的广泛关注和好评，认为规划呈现四个亮点：党建工作单独规划，首次与国民经济多个专项规划同轨并行；党建工作明确投入，首次与财政收入实现同步递增；党建工作突出基层，首次与社区减压工作同推共进；党建工作强调培训，首次与群团培训工作实现"三位一体"。

在十八大以来从严治党的新常态下，区域化党建坚持以中国特色社会主义理论体系和习近平总书记系列重要讲话精神，以及党的十八大、十八届三中全会、十八届四中全会精神为指导，致力于实现国家治理体系和治理能力的现代化，围绕新区发展大局，全面建立以块为主、条块结合的党组织管理新体制，构建以社区党组织为基础，辖区各类党组织为网络，全体党员为主体，辖区各类单位、群团组织、社会组织以及居民群众共同参与为依托的基层党建工作新格局。区域化党建全面推行"社区综合党委+兼职委员"的党组织架构，建设一批集约利用的阵地平台，建立一套科学高效的工作机制，形成具有光明新区特色的基层党的组织体系。

　　区域化党建围绕社会建设和社会治理，以扎根基层、服务群众、发挥作用、促进和谐为重点，加强和创新社会治理，破解社会治理难题，逐步形成社区综合党委（党总支）领导、上下联动、区域协同、党员和群众共同参与的城市基层社会治理工作新格局。区域化党建在工作机制方面取得了一系列的创新，首先是建立区域一体党群共建机制。深入开展党建带工建、团建、妇建工作，按照同步部署、同步实施、同步考核的要求，充分整合党群工作资源，统一规划、统一建设、统一管理、统一使用区域内各类活动阵地，实现基层党组织和工青妇及其他群众组织健康协调发展。搭建社区党群服务中心共享平台。建设党群服务中心（室），面向基层党员群众开放，提供咨询、指导、协调、帮困、教育和培训等服务。构建"三位一体"培训大格局。构建机关、社区、"两新"组织党群干部"三位一体"培训大格局，提高新区机关、社区和"两新"组织党群干部的综合素质和工作能力。推行党群共建联席会议。社区综合党委（党总支）每半年召开一次社区党群共建联席会议，研究讨论辖区重大事项，并及时将会议情况向社区党员群众公布。开展共驻共建活动。通过开展各种共驻共建活动，丰富社区、驻区单位党员实践载体，在社区管理、服务和建设中亮出党员身份，充分发挥党建带工建、团建、妇建工作。其次是创先争优长效机制。以社区综合党委（党总支）为领导核心，积极将创先争优活动中好的经验和做法形成制度规范，努力构建学习教育、为民服务、监督评价、激励保障等创先争优长效机制。

　　此外，在配套机制方面，建立健全社区综合党委（党总支）工作机制。围绕区域化经济社会发展大局制定任期目标，明确社区综合党委（党总支）和成员职责，研究制定班子集体决策、发展党员、党组织和党员分类管理以及工作通报等工作机制。建立健全社区党群服务中心的各项服务机制。建立健全党群服务中心来访接待、首问责任、服务承诺、限时办结、轮流值班等工作机制，探索建立网上服务社区居民的新型工作机制。新区为了促使区域化党建的贯彻落实，还加强了各项保障支撑机制，比如人力保障方面，新区致力于打造党群专职组织员队伍，面向社会择优聘用一批高素质人员作为党建组织员、工会组织员和妇联组织员，专门从事党群共建工作。同时采取在线学习、远程教育、专题讲座等多种形式，每年定期组织社区综合党委（党总支）班子成员、社区专职党群干部和新区党建专职组织员进行教育培训，全面提升区域化党建工作队伍的整体素质和工作能力。在经费保障方面，新区和办事处为区域化党建工作提供财政保障，将社区综合党委（党总支）、"两新"党组织党建工作经费、党群服务中心专项活动经费纳入年度财政预算，并根据财政状况逐年递增。将"三位一体"党群干部培训经费纳入基层党建经费使用项目，并作单项列支，为党群干部培训提供经费保障。在考核监督方面，建立区域化党建工作量化考核指标制度，通过引入第三方专业量化考核机构，广泛征求基层党员、群众意见，每年对社区工作情况、班子成员、党务工作者等方面进行一次考核，考核结果作为选拔任用干部、评先评优的重要依据，并及时向社会公布。

一　基层党建"织网工程"

为实现党的工作全覆盖，光明新区创新思路和举措，实施基层党建"织网工程"，实现党建工作广度与深度并进，扎实性与创新性并重。围绕"三有一化"，织好社区党建网。实现有人管事，开展社区书记培训，制订《关于实施社区"两委"班子"质量提升工程"的工作方案》，提高班子成员的综合素质和执行力，对于基础薄弱和存在问题较多的社区，选派干部驻点帮扶；完善社区专职党群干部配备，招录 28 名党建组织员和 28 名工会组织员。实现有钱办事，社区党建经费实现逐年递增，增强经费管理使用的规范性、实效性。实现有场所议事，建设 28 个社区党群服务中心，明确党群服务中心职能和工作任务，对人员定职定岗。推进党建区域化，28 个社区全部成立综合党委（总支），建立"社区综合党委+兼职委员"组织架构，形成了以社区综合党委（党总支）为领导核心、党群服务中心为依托、协商议事组织为基础的基层组织新体系。完善区域化党建制度安排和机制保障，系统出台区域化党群共建"1+7"制度。围绕全面覆盖，织好"两新"党建网。成立新区"两新"工委，建立党建工作台账。围绕作风提升，织好机关党建网。以"弘扬大运精神"、"作风大提升"、"公务员志愿者日"等主题活动为载体，开展光明新区机关党员道德作风建设。制定《光明新区加强领导班子建设开展大兴"五种风气"、创建"五好"班子活动的实施意见》，以班子建设带动机关整体建设，在机关党员、干部中大兴真抓实干、创新创造、团结协作、调查研究、廉洁从政"五种风气"。打造学习型、务实型、高效型、创新型、廉洁型"五型干部"。

围绕新区和谐，织好党群共建网。发挥新区党群部门一体化优势，党群组织共建、阵地共建、队伍共建，形成合力。依托党群服务中心等阵地，党建组织员、工会组织员和团干部、妇女干部协同工作。将群团组织骨干纳入"三位一体"大培训范围，累计培训党群干部和工作骨干4000多人次。把"两新"群团组织纳入共建范畴，实行与机关、社区党群组织同等地位得关爱、同样步骤提素质、同样力度抓发展的"三同"共建模式。同时，注重在社会建设中发挥党群组织引领作用，维护工青妇合法权益，开展工会"筑基工程"行动和市级"妇女之家"示范点创建工作，提高帮扶困难群众、维护群众权益、促进新区和谐工作水平。最后，在沟通联系机制方面，社区综合党委（党总支）每月召开一次工作会议，研究本社区经济社会发展、党的建设方面的重大事项。对涉及本社区全体居民和各驻社区单位的重大决策，社区综合党委（党总支）以下发意见征询函或召开意见听证会等形式，听取各驻社区单位和各方面群众的意见。驻社区单位党组织的重大人事变动和重要活动，及时向社区综合党委（党总支）通报，必要时征求社区综合党委（党总支）的意见。

二　创新基层党建工作模式和工作平台

新区自成立以来，进一步理顺党组织隶属关系，努力消除社区、非公有制经济组织、新社会组织党建工作空白点，实现党的组织、党的工作和发挥作用全面覆盖。在以地域、单位为主设置基层党组织的基础上，按照便于党员参加活动、党组织发挥作用的要求，创新基层党组织设置方式。以社区党组织为基础，将党员队伍向基层转移，逐步建立以块为主、条块结合、优势互补、共建共管的基层区域化党建新格局。完善民营党委—社区民营经济党总支部—社区联合党支部、企业和社团组织党支部三级党组织设置形式，将非公有制经济组织和新社会组织党组织纳入社区党组织管理体系，实行民营党委与社区党组织双重管理。针对部分非公有制经济组织和新社会组织中缺少党组织负责人得力人选的情况，通过从机关、企事业单位选派高素质的党务工作者担任党建工作指导员等措施，帮助组建党组织并及时开展党的活动，实现将党组织的服务和影响力覆盖至"零党员"的非公有制经济组织和新社会组织中。整合组织资源，探索建立社区、非公有制经济组织、新社会组织党组织一体化，从而使社区、非公有制经济组织、新社会组织党建工作互相促进，共同发展。指导社区、非公有制经济组织、新社会组织党组织积极构建党群共建一体化的组织体系、活动体系、阵地体系、制度体系，实现对社区、非公有制经济组织、新社会组织党群组织的精细化、扁平化和科学化管理。完善基层党员管理与服务，抓好党群服务中心的建设，进一步加强党群服务中心的管理和使用，切实发挥"咨询、教育、管理、服务"等多元作用，满足广大党员群众文化生活的需要。推进党的组织生活创新，增强党的凝聚力和吸引力。探索建立新区开放统一的党建信息平台，把新区电子党务、远程教育、网络党建整合起来，打造好"网络课堂"，强化对党员干部教育的互动性，建立开放式的党员管理体系。充分发挥党员远程教育的辐射作用，增强党员电化教育工作效果。加强站点规范化建设，加大远程教育督查力度，不断健全完善信息报送制度、共建共享站点等制度，促进站点健康发展。加强市委党校光明新区教研基地建设，通过组织学习、党日活动、外出考察学习等活动形式，为党员教育工作提供保障。加强流动党员服务管理，开展党员找党组织、党组织找党员"双找"活动，实施流动党员"安家工程"。努力创造良好氛围，鼓励"口袋党员"、"隐性党员"乐于亮明身份，敢于亮明身份；鼓励和帮助已经核实党员身份的流动党员将组织关系转到其所属基层组织；建立流动党员登记和联络制度，主动与党员流出地党委组织部门取得联系，加强流动党员身份的核实工作，对于因工作岗位不稳定等特殊原因不能转移组织关系的党员，鼓励和支持其持《流动党员活动证》、《党员证明信》等党员有效证明参加党组织活动，使每一名流动党员都处在党组织的有效管理中。健全考核评估体系，定期开展先进基层党组织和优秀党员评比活动，对作用发挥好的社区、非公有制经济组织、新社会组织党组织和党员，既要给予精神激励，又要给予物质奖励，还要为其搭建良好的工作平台，创造良好的生活环境。实施党员关爱工程，定期慰问社区、非公有制经济组织、新社会组织党组织中的生活困难党员，为他们解决实际困难，对社区、非公有制经济组织、新社会组织党务工作者实行统一的建档管理。对从事党务工作时间较长、工作成绩较突出的党务工作者，在评优评先中予以优先考虑，为党组织书记、副书记等专职党务干部适当发放工作补贴，保障工作经费。此外，新区还创新党组织生活模式，充分利用远程教育等平台载体，探索建立光明新区党建网站、网上党校、党建微博、网上论坛、党建 QQ 群等，把党的活动阵地拓展到网络上，增强党组织活动的吸引力和影响力。社会组织党组织可通过联谊会、年会、行业论坛等形式搭建信息沟通、经验交流的平台。创新人才储备管理模式。建立党组织书记人才库和创先争优先进典型信息库，根据"不同年龄阶段、不同教育经历、综合能力强"的原则，选择优秀人才进入党组织书记人才库，以及建立覆盖新区各行业、各领域的创先争优先进典型信息库，为新区储备一支数量充足、结构合理、素质较高的党建工作人才队伍。

三　发扬党内民主，公推直选党代表

党内民主是党的生命，是调动广大党员积极性创造性的制度保证。党内民主既是中国共产党在不同历史时期取得伟大成就的重要政治优势，也是推进全面从严治党事业顺利发展的基本要求。光明新区是全市唯一区级公推直选市党代表的试点单位。新区公推直选做到"五大创新"：创新推荐方式，变单一组织推荐为组织推荐、党员联名推荐和个人自荐多种方式；创新审核方式，变差额预选为 42

名初步候选人全员入围；创新工作方式，变注重结果为注重教育，让全体党员接受了一次深刻的党性洗礼；创新宣传方式，变组织了解为每一名党员群众都熟悉候选人；创新选举制度，变组织安排为平等竞争，14 名候选人公开演说竞选。2010 年 4 月 17 日，光明新区党员大会顺利召开。应到会正式党员 4214 名，实到会 4138 名，参会率达到 98.2%，到会党员投票率 100%，直接从 14 名候选人中，差额选举产生 9 名同志为光明新区出席市第五次党代会代表，差额率高达 56%。光明新区公推直选试点创造了多个深圳乃至全省第一：全市规模最大的党代表直选；史无前例地采用电视直播方式进行选举；成为深圳第一个公推直选产生党代表的区级单位。光明新区公推直选党代表是党内公推直选工作的新实践，具有重要的借鉴价值和示范意义：新区召开了 4000 多人同时参加的党员大会，成功举办如此大规模的选举大会直接选举产生出市党代表，对于大规模党内民主选举有很好的示范意义；在新区党员构成复杂，且社区、"两新"组织和国有企业党员占全区党员数一半以上的情况下，在选举时差额比例达到 56% 的情况下，仍然成功地足额选举出 9 名票数过半的代表，这对于在党员结构比例较复杂的单位和地区推行公推直选有很好的示范意义。自 2013 年 12 月以来，新区各级党组织、各有关单位，严格按照省委、市委和新区党工委的要求，克服了时间紧、任务重、工作量大的困难，精心组织实施，以四个"有力"确保了社区"两委"换届选举工作的平稳、顺利进行。新区社区"两委"换届选举在全市最先启动，最先完成，选出了新一批群众公认、执行力强的社区"当家人"。新一届"两委"班子交叉任职达到 80%，28 个社区党组织书记和居委会主任"一肩挑"达到 82.1%，圆满完成了省、市提出的"两委"班子"一肩挑"和"两委交叉"任职"两个 80%"的要求。"两委"班子成员平均年龄 39岁，妇女干部占 19.2%，班子成员大专以上学历占 78.8%，结构进一步优化，整体素质进一步提升。针对 28 个社区的不同情况，实行"一社区一政策"，制订了周密的工作方案。特别是对一些情况复杂的重点社区，提前做好应急预案，扎实做好矛盾调处，消除了可能影响换届的不稳定因素。为了扩大选举参与，确保选举效果，新区通过多种方式，广泛宣传相关政策法规，引导社区党员群众积极参与换届选举。据统计，新区参加登记的选民 30764 人，选民登记率达到 87.8%；参与投票的 28205 人，选民参与率达到 92%，为"两委"换届顺利进行提供了强有力的支持和保证。

四　注重顶层设计，制定全市首个基层党建规划

一个科学的规划必然对基层党的建设起到积极的推动作用，使新区的基层党建工作更有前瞻性和针对性，可以对党建工作的具体实施进行科学的评估和监督，促使党建工作的各个环节更加协调一致，形成合力。新区在基层党建规划方面走在了全市各区前列，率先制订了第一个基层党建规划，在实践中获得良好的效果。在基层党建的指导思想上，《中共深圳市光明新区工作委员会 2010—2015 年基层党建工作规划》指出："高举中国特色社会主义伟大旗帜，以邓小平理论、'三个代表'重要思想、科学发展观为指导，坚持科学发展的理念，弘扬改革创新的精神，实施党组织精细化、扁平化管理，积极构建机制完善、保障健全、活力激发、成效显著的具有光明新区特色的基础党建科学体系，不断提高党的建设的科学化水平，不断推进党的先进性、纯洁性建设，不断增强党组织的创造力、战斗力、凝聚力和影响力，不断密切党群干群关系，为努力当好深圳科学发展的排头兵和一体化发展的先行区而奋斗，为加快建设'深圳绿谷'、美丽光明提供更加有力的组织保障和动力支撑。"①

规划在具体措施方面针对光明新区实际，围绕中央和省市关于党建工作的具体部署，制定了九大工程，分别为：

1. 党群服务中心建设工程

继续按照"党建带群建、群建促党建"的工作思路，全面落实社区、非公有制经济组织、社会组织组织党建共建阵地的规范化建设，使新区全部 28 个社区和部分规模以上"两新"组织建成规模较大的党群服务中心，完善党群服务中心的服务内容和设施，使之达到功能多样、设施较全、规范整洁的要求，成为集教育、管理、培

---

① 《中共深圳市光明新区工作委员会 2010—2015 年基层党建工作规划》。

训、展示、服务和健身娱乐于一身的党建活动载体。

2. 带头人队伍建设工程

以建设一支守信念、讲奉献、有本领、重品行的党组织带头人队伍为目标，切实加强基层党支部书记队伍建设。按照思想觉悟高、群众威信高、工作热情高、党性修养强、感染力强、战斗力强、年富力强这"三高四强"标准，选配社区、非公有制经济组织、社会组织党支部书记。符合条件的社区综合党委（党总支）书记，可以通过法定程序担任社区居委会主任、股份公司董事长。加强党组织书记培训，提升其抓党建、抓建设的能力和水平。通过制度建设，强化基层支部书记"抓好党建是本职，不抓党建是失职，抓不好党建不称职"的责任意识，明确支部书记的党建工作责任，落实支部书记的党建工作绩效考核办法，使支部书记真正担负起对党员的教育管理责任，推动支部党建工作的创新发展。

3. 大学生"村官"战略工程

大学生到基层社区当"村官"，是一项培养中国特色社会主义事业接班人的战略举措，也是一条切实可行的路径和方式。未来新区将切实抓好大学生"村官"战略工程。对新区来说，这些"村官"更多的主要是充实到社区居委会一线担任工作。新区党工委将完善各项相关的配套政策；加强岗位培训和工作指导，建立社区干部与大学生"村官"结对帮扶机制，帮助大学生"村官"熟悉社区政策，掌握发展社区经济和做好群众工作的本领；加强管理和考核，完善保障机制和择优竞争机制，使大学生"村官"队伍充满生机活力，源源不断为新区各项事业发展输送来自基层一线的优秀人才。

4. 党员素质教育培训工程

未来新区将在强化党员素质教育培训方面下功夫。围绕党员主体意识、先锋模范作用的发挥、为文明城市贡献力量等主题内容，切实抓好党员特别是新党员的教育培训大计。每名党员在一年内至少参加一次集中培训，时间一般不少于24学时，按党组织隶属关系由其上一级党组织负责组织实施。各基层党组织还应通过支部会议、民主生活会、座谈研讨、主题活动等方式组织支部党员集体学习，引导和鼓励支部党员通过参加在职培训、远程教育、党课教育、学历教育、业余自学等形式加强自我学习培训，切实提高自身的综合素质。组织开展机关、社区、"两新"组织党员"三位一体"大培训，组织党员干部到高等学府学习、到艰苦地区实践锻炼。

5. 党的基层民主建设工程

党内基层民主建设是基层党建工作中的一项重大实践活动，是一项长期的系统工程。新区党工委未来5年将全面推行党代表大会代表任期制，保障和推动代表充分行使各项权利，更好地履职履责；扩大党代表公推直选的范围，全面推进基层党组织领导班子公推直选，改进和规范选举程序、投票方式，扩大选举差额比例。探索扩大党内基层民主多种实现形式等方面，积极开展各类有益实践活动，力争取得富有成效的进展。充分保障普通党员主体地位，探索普通党员列席新区、办事处党工委和其他各级党组织有关会议。

6. 党员创业就业工程

结合新区就业观念落后、低保人员和零就业家庭人员等困难人口比例较大的实际情况，为推动新区社会经济发展，打造"创业新城"，新区党工委将大力推进党员创业就业工程，使广大党员在技能就业和全民创业中发挥带头作用、主导作用，充分展现共产党员的先进性。新区党工委未来5年将切实搞好本区域内党员创业就业情况的摸底调查，建立党员创业就业实名台账，实行动态管理；完善制度，在法律许可范围内加强对党员自助产业的政策和经费支持；建立共产党员创业园，吸引和鼓励广大党员自主创业，扶持党员企业做大做强；鼓励党员一对一、一对多帮扶困难人员就业；树立各类创业就业典型，培育各种成功的创业就业模式，积极做好宣传推广工作，使艰苦创业、自主创业、创新创业、勤劳致富、合法致富、崇尚财富成为新时期新区共产党员的显著特征；营造"创业有功、致富光荣"的浓厚氛围，推进党员创业就业向纵深发展。

7. 深化党群联系工程

为贯彻落实十八大精神，提高做好新形势下群众工作的能力，新区极力打造党群联系工程，实现"四化"目标。常规联系工程常态化，将"五进社区"活动、机关驻（挂）社区活动等长期化、制度化，扎实推进基层党建工作；群众联系工程全民化，围绕保持党的先进性和纯洁性，深入开展以为民务实清廉为主要内容的党的群众路线教育实践活动，并形成长效机制，坚决反对形式主义、官僚主义、享乐主义和奢靡之风；创新联系工程规范化，大力推进"书记项目"，创新党群联系工作机制，制定光明特色"子项目"，密切党群干群关系，促进新区和谐发展；党群联系工程网格化，深入开展光明新区关于深化党群联系工作机制的实施方案，将党员联系群众的关口前移，变进社区为进楼栋，着力解决人民群众反映强烈的突出问题。

8. 推进党建工作创新工程

大力实施党建工作创新工程，是提高党的建设科学化水平的重大举措，要善于抓大事、抓重点、抓关键，以"点"上开花带动"面"上结果，以重点突破促进整体水平提升。在新区推行党建工作"项目化"管理模式，推动党建工作创新工程。在推行彰显党内民主的公推直选党代表制度、区域化党群共建工作"1+7"制度、党群共建"三位一体"大培训制度、夯实基层党建"三有一化"保障机制等一系列项目制度的基础上，围绕党建工作"创新化理念，项目化管理"的思路，继续将新区党建创新工作分为若干个项目，并将每一个项目细化分解为若干子项目，内容涵盖基层组织建设、干部人才队伍建设、党风廉政建设、自身建设等各个方面。

9. 完善党建工作信息化工程

目前新区党建工作信息化建设仍然面临着管理体制、应对突发事件、统一的发展规划、人才等方面的挑战，因此要理清思路、多措并举，以信息化推动新时期的党建工作创新。研究并制定党建信息化发展规划，完善党建工作信息化系统，使新区基层党建工作线上线下有效衔接，逐步落实党务网上运作及监督系统等工作；研究并建立党建信息化技术系统，整合各级门户网站、微博、微信、党群联系QQ群等平台，形成新区、办事处、社区三级联动信息化系统，逐步实现党建基础资料网上调阅、党员管理网上对接、党建信息网上传递等功能；研究并建立党建信息化教育、培训和人才管理体系，引入党建信息化教育内容，制定一套党建信息化的培训办法、培训内容和培训制度，将部分党群组织员培养成既懂党建业务又精通信息化技术的党建信息专员，同时制定党建信息化人才管理办法，从吸引、激励、管理、教育等方面建立制度。[①]

第二节 警惕"本领恐慌"，努力建设学习型机关

一 建设学习型机关的重要意义

注重学习是中国共产党的一个重要传统，是中国共产党在革命、建设和改革事业中不断取得辉煌的一个重要优势。对此，习近平总书记曾经指出："我们党历来重视抓全党特别是领导干部的学习，这是推动党和人民事业发展的一条成功经验。在每一个重大转折时期，面对新形势新任务，我们党总是号召全党同志加强学习；而每次这样的学习热潮，都能推动党和人民事业实现大发展大进步。改革开放伊始，党中央就强调，实现四个现代化是一场深刻的伟大的革命。在这场伟大的革命中，我们是在不断地解决新的矛盾中前进的。因此，全党同志一定要善于学习，善于重新学习。同过去相比，我们今天学习的任务不是轻了，而是更重了。这是由我们面临的形势和任务决定的。"[②]

可见，在新时期加强学习是全党的一个重要战略任务，之所以在新形势下要注重学习主要是由当前党所面临的形势决定的。党的十八大报告指出："全党必须牢记，只有植根人民、造福人民，党才能始终立于不败之地；只有居安思危、勇于进取，党才能始终走在时代前列。新形势下，党面临的执政考验、改革开放考验、市场经济考验、外部环境考验是长期的、复杂的、严峻的，精神懈怠危险、能力不足危险、脱离群众危险、消极腐败危险更加尖锐地摆在全党面前。不断提高党的领导水平和执政水平、提高拒腐防变和抵御风险能力，是党巩固执政地位、实现执政使命必须解决好的重大课题。全党要增强紧迫感和责任感，牢牢把握加强党的执政能力建设、先

---

① 关于制定九大工程的内容，均来自《中共深圳市光明新区工作委员会2010—2015年基层党建工作规划》。
② 习近平在中央党校建校80周年庆祝大会暨2013年春季学期开学典礼上的讲话。

进性和纯洁性建设这条主线，坚持解放思想、改革创新，坚持党要管党、从严治党，全面加强党的思想建设、组织建设、作风建设、反腐倡廉建设、制度建设，增强自我净化、自我完善、自我革新、自我提高能力，建设学习型、服务型、创新型的马克思主义执政党，确保党始终成为中国特色社会主义事业的坚强领导核心。"① 十八大报告的这段论述以实事求是的精神和深沉的忧患意识指出了当前全党面临的严峻挑战，每个党员都应该树立党的意识，增强对党负责、为党分忧的责任感和使命感，自觉地加强学习，把学习作为一种信仰和追求，通过学习增长才干、涵养德性，提高为人民服务的本领。

全党的学习不是抽象的，而是具体的，必然要以每个党员自身素质的提升为目的，所以建设学习型政党必然要加大普通党员群众的教育和培训，尤其要提升每个基层党员的学习积极性和主动性，提倡终生学习的理念。

尤其对于党的领导干部而言，学习更具有重要的作用。因为，党的领导干部在当前形势下必须增强做群众工作的能力，引导群众将思想和行动统一到中央的部署上去，凝聚群众齐心协力为全面建成小康社会和实现富强民主文明和谐的社会主义现代化国家的伟大民族复兴而努力奋斗。领导干部在实践中也会遇见各种复杂局面和突发事件，面临着社会结构和利益主体的重大变革，面临着大量"社会人"和新一代青年的新诉求。因此，党的领导干部必须不断提升自我素质、提升综合素质、提升道德品质和人格感召力、提高做群众工作的能力，不断创新工作方法，只有这样才能使自己的能力不断适应时代发展和人民群众提出的新要求。而学习恰恰是提升自我能力的重要途径，对此，习近平总书记曾指出："各级领导干部一定要深刻认识现代领导活动与读书学习的密切关系，深刻认识领导干部的读书学习水平在很大程度上决定着工作水平和领导水平，真正把读书学习当成一种生活态度、一种工作责任、一种精神追求，自觉养成读书学习的习惯，真正使读书学习成为工作、生活的重要组成部分，使一切有益的知识和文化入脑入心，沉淀在我们的血液

---

① 胡锦涛在中国共产党第十八次全国代表大会上的报告。

里，融汇在我们的从政行为中，做到修身慎行，怀德自重，敦方正直，清廉自守，永葆共产党员的先进性。"① 习近平总书记的这段论述指出了读书学习对于党员干部的重要性，读书学习可以修身，可以立德，可以增强党员干部的道德修养和人格感召力，从而提高领导活动的效率。

后来，习总书记在中央党校建校 80 周年庆祝时进一步指出："只有加强学习，才能增强工作的科学性、预见性、主动性，才能使领导和决策体现时代性、把握规律性、富于创造性，避免陷入少知而迷、不知而盲、无知而乱的困境，才能克服本领不足、本领恐慌、本领落后的问题。否则，'盲人骑瞎马，夜半临深池'，虽勇气可嘉，却是鲁莽和不可取的，不仅不能在工作中打开新局面，而且有迷失方向、落后于时代的危险。"② 习近平总书记的这段论述从提高领导力的角度论述了学习对于领导干部的重要作用，随着时代的发展，社会结构和经济形态纵深变革，领导干部面对的新问题和新挑战可谓层出不穷，正所谓"老革命遇到了新问题"。因此，党员干部必须通过学习增强自身在纷繁复杂的社会现象中认识问题、分析问题、解决问题的能力，胜任时代和人民群众的要求。

而要想使广大党员干部提升履职能力，除了实践锻炼的途径以外，学习培训就是不可或缺的一个方法。要通过培训和继续教育学习什么内容是关键所在，培训课程的选择必须符合我党的性质和宗旨，体现我党目前存在的各种问题，有针对性地来制定，同时还要符合历史潮流，体现鲜明的时代特征。在学习内容的选择上，习近平总书记也做过重要指示："首先要认真学习马克思主义理论，这是我们做好一切工作的看家本领，也是领导干部必须普遍掌握的工作制胜的看家本领。只有学懂了马克思列宁主义、毛泽东思想、邓小平理论、'三个代表'重要思想、科学发展观，特别是领会了贯穿其中的马克思主义立场、观点、方法，才能心明眼亮，才能深刻认识和准确把握共产党执政规律、社会主义建设规律、人类社会发展规

① 习近平在中央党校 2009 年春季学期第二批进修班暨专题研讨班开学典礼上的讲话。
② 习近平在中央党校建校 80 周年庆祝大会暨 2013 年春季学期开学典礼上的讲话。

律，才能始终坚定理想信念，才能在纷繁复杂的形势下坚持科学指导思想和正确前进方向，才能带领人民走对路，才能把中国特色社会主义不断推向前进。学习党的路线方针政策和国家法律法规，这是领导干部开展工作要做的基本准备，也是很重要的政治素养。不掌握这些，你根据什么制定决策、解决问题呀？就很可能会在工作中出这样那样的毛病。各级领导干部还要认真学习党史、国史，知史爱党，知史爱国。要了解我们党和国家事业的来龙去脉，汲取我们党和国家的历史经验，正确了解党和国家历史上的重大事件和重要人物。这对正确认识党情、国情十分必要，对开创未来也十分必要，因为历史是最好的教科书。经济、政治、历史、文化、社会、科技、军事、外交等方面的知识，领导干部要结合工作需要来学习，不断提高自己的知识化、专业化水平。要坚持干什么学什么、缺什么补什么，有针对性地学习掌握做好领导工作、履行岗位职责所必备的各种知识，努力使自己真正成为行家里手、内行领导。各种文史知识，中国优秀传统文化，领导干部也要学习，以学益智，以学修身。中国传统文化博大精深，学习和掌握其中的各种思想精华，对树立正确的世界观、人生观、价值观很有益处。古人所说的'先天下之忧而忧，后天下之乐而乐'的政治抱负，'位卑未敢忘忧国'、'苟利国家生死以，岂因祸福避趋之'的报国情怀，'富贵不能淫，贫贱不能移，威武不能屈'的浩然正气，'人生自古谁无死，留取丹心照汗青'、'鞠躬尽瘁，死而后已'的献身精神等，都体现了中华民族的优秀传统文化和民族精神，我们都应该继承和发扬。领导干部还应该了解一些文学知识，通过提高文学鉴赏能力和审美能力，陶冶情操，培养高尚的生活情趣。"① 综合分析习近平总书记这段关于学习内容的论述，其基本精神可以总结为五个方面：第一，要学马克思主义，马克思主义是领导干部的看家本领，是具有坚定的理想信念的理论基石。第二，要学习党和国家的重大方针政策以及法律，这是了解社会的基本依据，是领导干部的基本政治素养。第三，要学习党史国史。学习党史国史是党员领导干部的必修课，

---

① 习近平在中央党校建校 80 周年庆祝大会暨 2013 年春季学期开学典礼上的讲话。

一方面可以从历史中获得经验教训，起到资政育人的作用；另一方面可以在对历史的总结中深化对中国特色社会主义的道路自信、理论自信和制度自信。第四，要学习政治、经济、社会、科技等各方面的知识，只有不断拓展知识面，完善知识结构才能胜任岗位要求。第五，要学习中华优秀传统文化。中华传统美德是中华传统文化的核心，通过学习传统文化可以促使党员领导干部树立高尚的道德品质，从而严以修身、严以用权、严以律己。

习近平总书记关于党员学习和教育培训方面的讲话精神成为新区制定干部培训规划的一个重要指导。光明新区自成立以来，党员公务员培训工作在上级主管部门的指导和新区党工委、管委会的高度重视下，按照"大规模培训干部、大幅度提高干部队伍素质"的总体要求，把培训工作作为人力资源开发的必要手段，开展了卓有成效的探索，确保了干部培训工作"量的增加"与"质的提升"有机结合，大大提升了新区干部的思想和业务水平及创新能力。新区成立之初，新区的干部队伍建设秉持着必须坚持"加强干部培训"的理念，培养造就一支复合型、创新型、奉献型的人才队伍。要打造复合型的人才队伍，就必须坚持学习、学习、再学习。在新区领导的倡导下，全区上下形成了建设学习型机关的共识。

二 打造中青班培训的经典项目

新区的干部培训工作紧紧围绕新区建设和发展的要求，每年都制定年度培训工作计划及其重点班次，并认真监督指导落实。同时，严格执行学习培训登记和考勤制度，把培训工作纳入单位每年的工作目标责任制，纳入领导干部考核内容，并作为干部奖励、晋升级别和职务的重要依据。在培训中，新区注重干部的知识更新和业务能力提升，集中举办各类重点专题培训班，突出了干部急需的城市规划、社会建设、应急处理、产业升级、领导科学理论以及现代科技、管理、法律、转变经济发展方式等方面知识的培训，大大改善了干部的知识结构。同时，紧密联系新区在规划、建设、社区服务、班子建设等方面亟须解决的重大现实问题，科学设计培训项目和内容，增强培训的实效性，并在提高运用理论和知识解决实际问题的能力上下功夫。在新区干部培训体系中，中青班是一个重点项目，因为中青年干部在党的干部队伍中具有重要的衔接作用，中青年干部的素质在很大程度上决定了干部队伍的战斗力和形象。

从 2009 年起，新区每年举办一期高质量的中青年干部培训班，把中青班作为精品班常抓不懈，在干部培养模式、培养方法、考核方式等方面进行了有益的探索，取得了良好的效果。一是以打造新区培训品牌为出发点，务求实效。新区率先提出举办高水准的中青班，并提出了具有前瞻性、系统性的中青年干部培养理念，力求借助中青班这一品牌，打造一支党性强、品德好、有能力的中青年干部队伍。新区领导对办好中青班提出了很多具体的指导意见，并亲自把学员送到"三同"实践锻炼所在地；培训结束后，又亲自主持召开总结座谈会，通过总结，进一步提升培训实效。二是以直面基层农民等形式培训，务求创新。开展"三同"实践锻炼，学员到农村与当地农民同吃、同住、同劳动 15 天，使学员刻骨铭心。送北大学习培训，前两期中青班学员在党校集中学习 15 天，之后曾赴北京大学学习，主要学习公共政策的制定与执行、转变经济发展方式新思路、危机管理等内容，为学员树立科学发展观打下了必要的人文精神、法制观念和思维方法的基础，提高了学员的综合素质。安排信访挂职，把中青班学员派到信访大厅挂职 15 天，直接接待来访人员，处理来访事宜，使学员真正了解百姓的疾苦，增进了与群众的感情；同时也提高了学员处理复杂问题的能力，为信访维稳工作贡献了力量。三是以"西点军校"理念管理，务求成功。全程跟班管理，新区组织人事部门派出得力干部跟班，全程参与培训活动，撰写跟班日记，全面掌握学员表现情况。周密安排，组织人事部门对教学管理模式、师资选聘、过程管理等各环节都进行深入研究，保证了整个培训工作的顺利进行。同时，成立了中青班临时党支部和班委会，有效实现了自我管理、自我教育、自我提高、自我服务的预定目标。坚持培训与考核并重，中青班注重在培训中评价考核干部，专门建立中青年干部培训班考核评价档案，将学员自我鉴定、班组鉴定、党校鉴定、组织人事部门鉴定等统一存档，作为今后考核使用的重要依据之一。

2011—2013 年，新区组织干部到国内知名高校培训，分别举办
3 期各由 19 名处级干部参加的北京大学高级研修班，进一步开阔领
导干部的视野，使他们汲取新知识，为不断提高服务科学发展能力
奠定了良好的基础。一是回归校园，严格培训管理。参训期间，学
员以普通学生的身份接受统一管理，在校园内住宿、在学生食堂就
餐。学员在感受北大浓厚历史文化氛围的同时回归校园，不仅严守
培训纪律、虚心学习，还充分利用课余时间展开研讨，强化培训成
果。二是专家授课，学习内容丰富。本期研修班的师资和课程都事
先经过精心挑选和安排：授课教师都是来自北大、清华、人大等国
内著名高校的专家、教授，其中包括多名"北大十佳教师"；课程内
容包括当前宏观经济分析、社会结构发展趋势、政府绩效管理、社
会保障与公共服务、领导素质与领导力提升等热点内容。三是现场
教学，培训形式多样。为了加强学习的实践性和互动性，研修班除
了主题讲座授课外，还赴北京 798 创意文化产业聚集区、天津滨海
新区和城市规划展览馆等地进行现场教学，由专家教授讲解相关产
业的设计理念、发展现状及未来趋势等，使学员对相关领域有了更
直观的认识，取得了良好的培训效果。

三　建立"三位一体"的党员干部培训模式

以中青年干部培训为重点，光明新区充分整合资源，依托方式
创新，面向干部全体，构建起立足新区实际、灵活高效的干部全员
培训体系。

一是借助外力，推动市委党校和新区共建双赢。2008 年 5 月，
在市委党校和新区党工委、管委会的大力支持下，市委党校教学科
研实践锻炼基地在组织人事局正式挂牌，其目的在于充分发挥市委
党校资源优势，弥补光明新区没有党校的不足，保证党员干部教育
培训工作正常开展，同时推动理论研究和新区实际工作相结合，为
新区各项事业发展提供理论指导和人才支持。几年来，教学科研实
践锻炼基地在新区发展规划、干部培训、党群组织建设等方面发挥
了重要作用。

新区依托市委党校开展干部任职培训，组织新提拔的处级干部、

科级干部和新入职公务员参加市委党校主体班，100%完成了任职培训和初任培训任务。此外，新区还委托市委党校连续两年承办新区中青年干部培训班、社区书记培训班、两新组织党群干部培训班等。为打造特区科学发展理论和新区创新实践的最佳结合点，市委党校教授分批次驻挂新区建立教授工作站，以及时反馈新区工作遇到的困难和问题，发挥党校的顾问和参谋作用。同时，基地还充分利用党校教育资源开展干部教育培训，与党校合作开展调研并形成了多个有关新区体制机制改革创新及干部队伍建设方面的研究报告，受到市委的高度重视。还与市委党校合作调研出台《光明新区2010—2015年基层党建工作规划》并成功举办党建工作专题研讨会，通过对基层党建工作进行总体的规划，探索出一条适合新区特点的新的基层党建工作路子，获得中央、省、市各级党建专家的充分肯定和市委领导的高度评价。新区与党校的交流合作不断深化，初步形成共建双赢的良好局面。

二是更新手段，大力推进在线学习培训。为有效解决工学矛盾，进一步激发干部的学习热情，方便干部随时随地学习，新区不断更新培训手段，利用网络学习平台，大力推进新区干部"在线学习"。为全区各单位的干部在"深圳干部在线学习"平台上注册了学员账号并分配密码，组织、指导广大干部开展网上学习，大大提升了干部的自主学习热情，从而也提高了培训的质量和效率。此外，新区还举办专门培训班，指导各单位对干部培训信息化管理系统的使用和信息录入，大力推进新区干部培训信息管理。

三是全面覆盖，开展现代远程教育。目前，新区共成功安装党员干部远程教育系统站点42个，其中办事处、社区站点31个（28个社区全覆盖），"两新"组织站点4个，其他机关站点7个，不仅为党员提供了接受教育培训的场地，更丰富了学习教育活动的内容。远程教育借助其吸引力和鲜明的特色优势，突破了党员学习的时空界限，在宣传党的路线、方针、政策，加强基层党员培训，推进基层组织建设等方面发挥了重要作用。

特别值得指出的是，新区特别注重将党员教育培训和区域化党建结合起来，探索出了一套行之有效的机关、社区和"两新"组织党群干部"三位一体"培训制度。具体实施方案如下：新区组织人事局负责"三位一体"培训工作的组织实施，制订具体培训计划，明确培训的时间、对象、内容及考核措施，公明、光明组织人事办、工会、妇联、团工委协助实施。公明、光明办事处结合本地区实际，积极采取多种方式组织辖区党群干部队伍进行培训。各基层党群组织要大力支持"三位一体"培训工作，为党群干部参与培训创造条件。参与培训人员应按培训要求完成学习任务，不得借故回避学习，如有特殊情况不能参加的，应当事先向新区组织人事部门办理请假手续。新区每年从基层党建工作经费中安排100万元作为"三位一体"培训经费。培训经费的使用范围：邀请专家、教授的授课费用；培训教材等学习资料费用；培训食宿、交通、管理等费用。培训经费必须做到专款专用，严禁挪用培训经费。

"三位一体"培训重点包括政治理论、党务知识、业务知识和廉洁自律等四方面内容。其中政治理论培训的内容主要包括马克思列宁主义、毛泽东思想、邓小平理论和"三个代表"重要思想、科学发展观、习近平总书记重要讲话精神等。党和国家的重要路线、方针、政策以及上级党组织的重大工作部署、重要会议精神和文件精神。党务知识培训主要包括党章、党规法纪、党的基本知识教育。党组织组建、发展新党员、党组织关系接转、党员教育学习、党组织生活创新等内容。业务知识培训主要围绕提高党员干部的业务能力、业务性质、工作程序、职责要求和办事原则，在培训中融入社会主义市场经济理论及政治、经济、科技、法律等学习内容。廉洁自律培训主要为了加强党员干部的党性、党风和党纪教育，改进党群干部的工作作风，教育党群干部坚持深入基层，密切联系群众，树立求真务实、廉洁勤政、严谨细致、团结高效的工作作风，扎实做好各项工作。

"三位一体"培训设以下培训班次：（1）书记培训班。每年至少一次组织新区机关、社区、"两新"党组织书记进行培训。（2）党群骨干培训班。每年至少一次组织新区机关、社区、"两新"党组织党群骨干进行培训。（3）专职组织员培训班。每年至少一次组织新区机关、社区和"两新"党组织党建专职组织员、妇女组织员、共青团组织员进行培训。（4）入党积极分子培训班。每年至少一次组织新区机关、社区和"两新"党组织入党积极分子进行培训。

"三位一体"培训通过以下形式进行：（1）集中培训。通过集体上党课、举办专题学习辅导讲座、听先进事迹报告会等形式开展集中教育培训班。（2）远程教育。充分利用社区党群服务中心远程教育室，组织党群干部进行在线学习与交流。（3）个人自学。组织指导党群干部按照支部的学习规划，制订自学计划，或通过在线自选培训课程，利用业余时间自主选择学习内容。（4）参观考察。定期组织党群干部外出参观考察，借鉴学习不同地区党建先进工作经验，拓宽视野。

第三节　加强纪律监察工作，打造廉洁光明

英国著名历史学家阿克顿勋爵曾有一句名言，"权力导致腐败，绝对的权力导致绝对的腐败"。所谓绝对的权力就是指不受约束、不受监督的权力，因此，如何建立一套系统的、行之有效的约束权力、限制权力、监督权力的制度就成为党建科学化的重中之重，也是基层党建的一个热点和难点问题。中国共产党是中国工人阶级的先锋队，又是中华民族的先锋队，秉持全心全意为人民服务的宗旨，以实现共产主义作为奋斗目标。改革开放30多年来，我们也在党和国家，以及经济社会方面建立了一套层次清晰、逻辑严谨的中国特色社会主义制度。应当承认，中国特色社会主义制度中的各个层次逻辑性很强，根本制度、基本制度和具体制度之间环环相扣、逻辑严密。从根本上说，不断完善和发展中国特色社会主义制度是预防和治理腐败现象的根本保障。因为从根本意义上说，腐败现象和中国共产党的性质以及中国特色社会主义的性质是完全不相容的。

但是，由于中国当前还处于社会主义发展的初级阶段，各项制度体制还有不完善的地方。此外，社会主义制度和市场经济的结合是前无古人的创新，改革开放以来，我们逐步确立社会主义市场经济的改革目标，承认了市场在资源配置中的决定性作用，极大地推

动了经济社会的发展和生产力的提高。但是，市场经济在焕发出巨大魔力的同时也带来了一些负面效应。比如，由于社会主义市场经济的不完善和行政体制改革的不彻底，政府权力对市场的干涉依然过多。政府和市场的边界不清晰就导致政府官员进行"权力寻租"，利用手中的行政审批权收受贿赂。此外，由于我国有着两千年的封建专制历史，各种封建腐朽思想的流毒还会在一定程度上影响党员干部，导致种种以权谋私、极端个人主义、享乐主义的行为出现，给党和政府的廉洁性带来危害。尽管贪腐分子在党和政府中只是个别分子，不占主流，但是个别领域和个别地方出现的腐败现象可谓触目惊心。因此在十八大后第一次政治局集体学习时，习近平总书记就明确指出："反对腐败、建设廉洁政治，保持党的肌体健康，始终是我们党一贯坚持的鲜明政治立场。党风廉政建设，是广大干部群众始终关注的重大政治问题。'物必先腐，而后虫生。'近年来，一些国家因长期积累的矛盾导致民怨载道、社会动荡、政权垮台，其中贪污腐败就是一个很重要的原因。大量事实告诉我们，腐败问题越演越烈，最终必然会亡党亡国！我们要警醒啊！近年来我们党内发生的严重违纪违法案件，性质非常恶劣，政治影响极坏，令人触目惊心。各级党委要旗帜鲜明地反对腐败，更加科学有效地防治腐败，做到干部清正、政府清廉、政治清明，永葆共产党人清正廉洁的政治本色。各级领导干部特别是高级干部要自觉遵守廉政准则，既严于律己，又加强对亲属和身边工作人员的教育和约束，决不允许以权谋私，决不允许搞特权。对一切违反党纪国法的行为，都必须严惩不贷，决不能手软。"① 习近平总书记的这段论述可谓语重心长、振聋发聩、令人警醒，充分论述了反腐败斗争所具有的重大历史意义和现实意义，所有党员都应该树立起自警自省的精神状态，向中央全面从严治党的战略部署看齐，自觉抵制一切消极腐败现象。

从根本上说，预防腐败和惩治腐败归根结底需要靠制度建设，需要通过深化改革建立起一套行之有效的约束权力和监督权力的制度。习近平总书记提出的"把权力关进制度的笼子"正是反腐倡廉

---

① 习近平在十八届中共中央政治局第一次集体学习时的讲话。

的重中之重。十八届三中全会通过的《中共中央关于全面深化改革若干重大问题的决定》中设专章讨论了有关权力的制约与监督机制这一主题，《决定》指出："坚持用制度管权管事管人，让人民监督权力，让权力在阳光下运行；是把权力关进制度笼子的根本之策。必须构建决策科学、执行坚决、监督有力的权力运行体系，健全惩治和预防腐败体系，建设廉洁政治，努力实现干部清正、政府清廉、政治清明。完善党和国家领导体制，坚持民主集中制，充分发挥党的领导核心作用。规范各级党政主要领导干部职责权限，科学配置党政部门及内设机构权力和职能，明确职责定位和工作任务。加强和改进对主要领导干部行使权力的制约和监督，加强行政监察和审计监督。推行地方各级政府及其工作部门权力清单制度，依法公开权力运行流程。完善党务、政务和各领域办事公开制度，推进决策公开、管理公开、服务公开、结果公开。"① 十八届三中全会的这段论述深刻地揭示了反腐倡廉建设的基本规律，那就是"让人民群众监督权力"，毛泽东曾经在和黄炎培著名的"窑洞对"中也提出过这个命题，毛泽东认为只有人民群众都来监督政府，政府才不会懈怠。顶层制度设计正是在反腐倡廉建设中必须面对的战略性、根本性问题。

十八大以来，中央推进全面从严治党，在廉政建设方面取得了明显的成效，也积累了丰富的经验。

第一，全党要增强忧患意识，加强党性修养。忧患意识是中华民族的一个重要传统，深深熔铸在中华民族的血脉深处。中国共产党作为中华民族的先锋队，诞生于大变革、大挑战的历史时代，在极端艰难困苦的条件下攻坚克难，取得了革命、建设和改革事业的丰功伟绩，其中一个重要原因就是在治党管党方面的忧患意识。早在七届二中全会上，毛泽东就高瞻远瞩地提出了"两个务必"重要思想，要求全党在工作重心由农村转向城市，由革命党变为执政党的历史关头务必保持谦虚谨慎、不骄不躁的作风，务必保持艰苦奋斗的作风。在新形势下，习近平总书记指出："我们共产党人的忧患

---

① 《中共中央关于全面深化改革若干重大问题的决定》。

意识，就是忧党、忧国、忧民意识，这是一种责任，更是一种担当。要深刻认识党面临的执政考验、改革开放考验、市场经济考验、外部环境考验的长期性和复杂性，深刻认识党面临的精神懈怠危险、能力不足危险、脱离群众危险、消极腐败危险的尖锐性和严峻性，深刻认识增强自我净化、自我完善、自我革新、自我提高能力的重要性和紧迫性，坚持底线思维，做到居安思危。要教育引导全党同志特别是各级领导干部坚持'两个务必'，自觉为党和人民不懈奋斗，不能安于现状、盲目乐观，不能囿于眼前、轻视长远，不能掩盖矛盾、回避问题，不能贪图享受、攀比阔气。"① 有了忧患意识就会在党员干部身上激发出强烈的党的意识、宗旨意识、服务意识和公仆意识，从而自觉坚定理想信念，树立正确的世界观、人身观、价值观、事业观、金钱观，坚持人民公仆的根本立场，发扬党的优良传统，提升道德品质，不断增强党性修养，始终保持艰苦奋斗的政治本色，拒腐蚀，永不沾，始终保持"革命理想高于天"的坚定信仰和坚强脊梁。

第二，以作风建设为切入点。党风是党的宗旨的集中体现，对全党的事业具有极端重要性，群众对一个政党的判断和评价不会只看这个政党的党章和政治报告是如何写的，而是会观察自己周围的党员是如何做的，所谓群众的眼睛是雪亮的，人民群众对一个政党的党风的感知是最敏感的。党风正，就会获取人民群众的支持，使执政党具有强大的凝聚力和感召力；党风不正，就会使一个政党失去先进性和纯洁性，继而失去人民群众的支持。可见，作风问题绝对不是小问题，而是事关执政党生死存亡的战略性问题和基础性工程。

作风建设不能"雨过地皮湿"，而应该通过深化改革，建章立制，通过制度建设确保作风建设形成长效机制，形成改进作风建设的常态化制度。对此，十八届三中全会通过的《中共中央关于全面深化改革若干重大问题的决定》中指出："围绕反对形式主义、官僚主义、享乐主义和奢靡之风，加快体制机制改革和建设。健全领导

---

① 习近平在十八届中共中央政治局第十六次集体学习时的讲话。

干部带头改进作风、深入基层调查研究机制，完善直接联系和服务群众制度。改革会议公文制度，从中央做起带头减少会议、文件，着力改进会风文风。健全严格的财务预算、核准和审计制度，着力控制'三公'经费支出和楼堂馆所建设。完善选人用人专项检查和责任追究制度，着力纠正跑官要官等不正之风。改革政绩考核机制，着力解决'形象工程'、'政绩工程'以及不作为、乱作为等问题。规范并严格执行领导干部工作生活保障制度，不准多处占用住房和办公用房，不准超标准配备办公用房和生活用房，不准违规配备公车，不准违规配备秘书，不准超规格警卫，不准超标准进行公务接待，严肃查处违反规定超标准享受待遇等问题。探索实行官邸制。完善并严格执行领导干部亲属经商、担任公职和社会组织职务、出国定居等相关制度规定，防止领导干部利用公共权力或自身影响为亲属和其他特定关系人谋取私利，坚决反对特权思想和作风。"① 从理论上分析，制度建设具有长期性、根本性和稳定性，也具有刚性和严肃性，十八大以来全面从严治党的一个重要特点就是注重"把权力关进制度的笼子"，扎紧制度"笼子"，避免"牛栏关猫"，通过扎实的制度建设巩固了作风建设的成果。

第三，注重从严治党。"没有规矩，不成方圆。"没有严格的纪律和扎实的执行力，任何制度和理想都无从落实，无法取得实效。列宁在无产阶级党建思想中的一个重要内容就是无产阶级政党要有铁的纪律。据统计，习近平总书记在全党群众路线教育实践活动总结大会上一共用了 98 次"严"字，可见从严的决心之坚定。可以说，十八大以来的党的建设之所以能够取得明显的成效，其根本原因就在于全面从严，在于提高制度的刚性和执法执纪的严肃性。对此，习近平总书记指出："取法于上，仅得为中；取法于中，故为其下。'我们一开始就强调活动要高标准、严要求，全程贯彻整风精神，'照镜子、正衣冠、洗洗澡、治治病'，坚决防止搞形式、放空炮、走过场。我们坚持严的标准、采取严的举措，重要节点一环紧扣一环抓。对存在的问题明察暗访，及时查处并公开曝光违纪案件。

---

① 《中共中央关于全面深化改革若干重大问题的决定》。

对党员、干部特别是领导干部的对照检查提出具体标准，要求必须见人见物见思想，有深度、像自己。对专题民主生活会和组织生活会提出明确要求，防止批评和自我批评蜻蜓点水、避实就虚、避重就轻、一团和气。对整改项目，实行台账管理，完成一个销号一个。中央和地方各级督导组敢于'唱黑脸'、'当包公'，紧紧围绕关键环节、重要部位、重点工作严督实导、持续用劲。实践证明，只有严要求、动真格，真实抓、抓真实，才能真正达到预期目的。"① 实践证明，注重"破窗效应"，通过严格执纪、刚性执纪来实现"全覆盖、零容忍、无死角"的从严治党态势是十八大以来党的建设的显著特征，也是全面从严治党战略部署取得成绩的重要原因。

第四，加强和改进纪检监察体制的改革创新力度。党的纪检监察体制改革也是全面深化改革的重要组成部分，可谓反腐倡廉系统工程的"牛鼻子"，加强改进了纪检监察体制，有助于更好发挥纪检机关的作用和威慑力，促使贪腐分子"不敢腐"。关于党的纪检监察体制改革，十八届三中全会通过的《中共中央关于全面深化改革若干重大问题的决定》中做出了重要部署："加强党对党风廉政建设和反腐败工作统一领导。改革党的纪律检查体制，健全反腐败领导体制和工作机制，改革和完善各级反腐败协调小组职能。落实党风廉政建设责任制，党委负主体责任，纪委负监督责任，制定实施切实可行的责任追究制度。各级纪委要履行协助党委加强党风建设和组织协调反腐败工作的职责，加强对同级党委特别是常委会成员的监督，更好发挥党内监督专门机关作用。推动党的纪律检查工作双重领导体制具体化、程序化、制度化，强化上级纪委对下级纪委的领导。查办腐败案件以上级纪委领导为主，线索处置和案件查办在向同级党委报告的同时必须向上级纪委报告。各级纪委书记、副书记的提名和考察以上级纪委会同组织部门为主。全面落实中央纪委向中央一级党和国家机关派驻纪检机构，实行统一名称、统一管理。派驻机构对派出机关负责，履行监督职责。改进中央和省区市巡视制度，做到对地方、部门、企事业单位全覆盖。健全反腐倡廉法规

① 习近平在群众路线教育实践活动总结大会上的讲话。

制度体系，完善惩治和预防腐败、防控廉政风险、防止利益冲突、领导干部报告个人有关事项、任职回避等方面法律法规，推行新提任领导干部有关事项公开制度试点。健全民主监督、法律监督、舆论监督机制，运用和规范互联网监督。"①　上述中央在全面从严治党战略部署中的新思想、新举措和新经验都成为新区十八大以来加强作风建设和反腐倡廉建设的基本遵循，是引领新区作风建设和反腐倡廉建设健康发展的重要保障。

新区纪检监察部门自成立之日就被赋予了为新区发展保驾护航的历史使命。新区自成立以来，纪检监察部门一直在实践中不断摸索，坚持以品牌彰显廉洁特色，以廉洁充实环境内核，以环境助推经济社会发展，通过打造高效便捷、公平公正、政通人和的廉洁新区，走不一样的廉洁之路，实现廉政软环境与经济社会发展的共生双赢。纪律检察工作中的创新是一大亮点，新区率先提出打造五大廉洁体系的理念和规划。市委市政府提出建设廉洁城市重大战略部署以来，新区纪检监察部门结合"大部制"行政管理模式，充分发挥主观能动性，开创性地提出了打造"廉洁新区"的目标，在全市率先制定了《光明新区建设"廉洁新区"五年规划纲要》，提出打造五大廉洁体系：以权力监督制约为关键，打造廉洁政府；以建设市场诚信、打造深圳质量为重点，打造廉洁市场；以改善民生为核心，打造廉洁社会；以提升干部从政素养为重点，打造廉洁干部；以形成"廉洁光荣、腐败可耻"廉洁文化认同为重点，打造廉洁公民。通过既有中长期目标又有年度具体计划、既有责任分工又有绩效考核的模式，将廉洁新区建设打造成了一个系统工程，形成了有明确目标、有清晰步骤、有具体措施、有考核约束，全区人民同关注、同建设的良好局面。

一　构建系统工程，落实"制度建设责任"，制度防腐效果显现

纪检监察部门先后以"制度年"、"制度执行年"为主题，逐年深化开展制度建设，出台了《关于推进新区制度创新的指导性意

---

①　《中共中央关于全面深化改革若干重大问题的决定》。

见》、《关于构建具有光明新区惩防制度体系的意见》等多个文件，努力实现用制度管权、管事、管人、管物。

借鉴系统理论，提出了与大部制相适应的"1+N"制度体系建设。用制度来约束和规范权力运行，防止腐败。目前新区已建立了《党工委会议议事规则》等制度数百项，涵盖了完善权力运行、强化责任追究、约束干部自律等多个方面，制度体系化建设正积极推进。借鉴法律审查制度，建立了制度备案和制度审查机制。开展"梳理权力检查风险点"专项工作，着眼于防范结构性风险开展制度审查，研究制度制定的流程规范，保持制度的严肃性和稳定性，预防制度性腐败造成的权力监管漏洞和风险。

新区反腐倡廉制度体系建设既有创新、又有成效。如干部人事制度上在全市率先试行处级干部任命票决制，工程领域上率先制定设计变更备案制度等，逐步建立和完善了"权威、有效、动态、创新"的新区特色惩防制度体系，制度防腐的效果已经初步呈现。

具体而言，2013年新区颁布了《光明新区政府投资项目效能监察暂行办法》，为进一步加强政府投资项目的效能监察工作，督促行政部门、项目建设单位及其任命的工作人员依法高效履行职责，根据《深圳市行政过错责任追究办法》等法律、法规、规章及规范性文件，结合新区实际，制定该办法。该办法的主要适用范围涉及新区纪检监察部门对从事政府投资项目审批管理、项目建设工作的行政部门、各办事处、事业单位、国有企业及其从事公务的工作人员实施监察。纪检监察部门主要行使以下职责：监督被检查单位贯彻执行有关法律、法规和规章的情况；监督政府投资项目的审批管理工作；监督政府投资项目的建设工作和组织协调；督促参与建设单位健全规章制度，强化事后监督；对政府投资项目建设情况实施专项检查、巡视监察、政令督查和电子监察；对政府投资项目管理中的漏洞和薄弱环节提出整改意见和建议；依法受理涉及政府投资项目建设中违纪违法行为的检举、控告和投诉；依法调查处理涉及政府投资项目建设中的违纪违法行为；决定效能监察中的重大问题。

此外，该办法还规定了新区纪检监察部门开展监察的具体方式方法，比如，新区纪检监察部门根据需要可以采用下列方式实施监察：对政府投资项目建设中突出问题进行特定事项专项检查；根据新区党工委、管委会决定或上级纪检监察部门要求，对政府投资项目开展巡视监察；根据新区党工委、管委会决定或上级纪检监察部门要求，对政府工程建设责任单位履行政令情况开展检查；运用新区电子监察系统，对新区政府工程重大项目实行在线监控，并按照定性与定量相结合的原则对各责任部门的行政行为进行量化测评；根据群众投诉、举报线索，开展察访取证工作；对涉嫌违反行政纪律、应当追究行政责任的影响行政效能的行为进行调查。

　　与此同时，新区还制定了应急和抢险救灾工程监管办法，主要目的在于进一步规范光明新区应急和抢险救灾工程建设、监督和管理工作，提高应对突发事件、保障公共安全与社会秩序的能力。该办法要求光明新区发改、建设、审计、监察、财政以及其他有关部门应密切配合建设单位开展工作，并依法对应急和抢险救灾工程进行监督管理。在具体实施中，新区建设、监察、审计部门及其他相关行政管理部门应当加强对应急和抢险救灾工程全过程的监督和审计，依法依规从严查处工程发包和建设中的规避招标、串通投标、弄虚作假、转包挂靠、违法分包、虚假工程变更、抬高标底和结算价等违法违规行为。建设单位应加强投资控制，无正当理由且未经规定程序批准的，项目投资不得突破概算。新区发改和财政部门应加强对项目计划、资金的管理，监督检查计划的执行情况。新区建设行政主管部门应加强特殊工程认定和发包的监管，加强工程建设施工质量和施工安全的监督，建立健全新区建设领域通报和黑名单制度。

二　创新宣教方式，落实"教育责任"，廉洁光明文化品牌初步形成

　　廉政文化在廉政建设中起着至关重要的作用，一种有生命力的廉政文化必然形成以廉洁自律为荣，以贪污腐化为耻的荣辱观，能够渗透到党员干部的思想和价值观深处，会对廉政建设起到积极的作用。廉政文化建设有着丰富的传统文化资源和现实政治资源，一方面，中国是一个拥有几千年文明传统的文化大国，拥有光辉灿烂

的传统文化，而中华美德正是中华传统文化的核心，传统文化中有着丰富的道德资源。关于廉洁自律、为政以德的思想也是中国传统美德中的一个重要组成部分。在此问题上，我们要充分树立起文化自信，在宣传廉政文化时要借鉴传统文化中的"清官"等道德资源，充分做到古为今用。同时，马克思主义党建学说中也蕴含着丰富的廉洁思想可供我们借鉴吸收，因此当前我国进行廉政文化建设，我们有着扎实的理论基础和历史基础。从实践基础上考察，中国共产党一贯注重反腐倡廉建设，一贯注重党的先进性和纯洁性建设，毛泽东、邓小平、江泽民、胡锦涛、习近平都将反腐倡廉作为党的建设的关键环节，做出了很多指示，这些指示也都成为我们开展廉政文化建设的重要依据。此外，中国共产党历史上也出现过大量廉洁自律的先进共产党员楷模和先进事迹，这也成为我们开展廉政文化建设的重要参照。

特别值得一提的是，廉政文化建设绝对不是仅仅针对党和政府机关，而涉及全社会的各个领域，也是十八大以来倡导的社会主义核心价值观的题中应有之义。一种价值观要想真正发挥作用，就必须在日常生活中着手，就必须和人们的具体行为结合起来，如果高高在上就不能发挥应有的作用。廉政文化也是如此，不仅要融入、贯穿党的建设的各个环节，也要融入、贯穿经济社会的各个领域，全民参与，全民实践，全民监督，全民倡导才能形成强大的、持久的、有生命力的、具有感召力的廉政文化氛围，从而成为廉政建设的重要依托。

纪检监察部门采取了"基础+亮点"的策略，由点到面全方位开展反腐倡廉宣传教育。

一方面，将反腐倡廉教育责任落实到每个单位，构建"大宣教与小宣教"并存的格局。实施"党员干部防腐工程"，针对机关工作人员存在的"怕、庸、懒、利"等12种不良作风，深入开展系列肃风行动。开展了送廉、读廉、谈廉、听廉、评廉、扬廉6大廉政文化建设活动，弘扬新区廉政勤政主旋律，形成了百花齐放的廉政宣教局面。

另一方面，设计开发了一系列"廉洁光明"文化创意作品。大胆借鉴视觉形象识别（VI）概念植入模式进行策划、设计与包装，打造"廉洁光明"文化创意系列作品："廉洁光明"专属形象LO-GO、专用印章、专属卡通吉祥物"莲莲"和"洁洁"、"廉洁光明"公益广告片、《椅子》廉洁视频短片、"清风苑"廉政文化长廊和黄、蓝、绿三色宣传牌，以及针对不同阶段和主题设计的多款廉政海报和手册。开创了既有主题又能延展、既能包容又有辨识度的反腐倡廉宣传教育新模式，形成了独具特色的"光明做法"。

三　提速提效提质，落实"监督责任"，廉洁效率实现双赢

新区按照中央和省委关于落实从严治党管党的责任，把党建工作作为主业，各级领导干部切实树立"抓党建是本职，不抓党建是失职，抓不好党建是不称职"的观念。把从严治党作为一项重大的战略任务来完成，要把从严治党管党列入重要工作日程，作为一项长期工作来抓，又要作为一项经常性工作来抓。特别要强调书记亲自抓党建的极端重要性，层层传递，统筹规划，形成反腐倡廉的巨大合力。在新区成立以来的实践中取得了丰富的经验。

新区实行"纪检+监察+审计+科技+绩效"的特色监督模式，保障廉洁与效率的双赢。

通过抓绩效管理来保质量、促廉洁。早在2011年，新区在全市率先延伸了绩效评估，将新区办事处、区属及驻区等23个单位全部纳入绩效考评范围，将包括廉洁新区建设在内的中心工作纳入绩效评估内容，赋予牵头单位对单项工作的管理权和监督考核权，促进新区行政效能和质量的持续提升。

通过深化行政审批制度改革来提效率、促廉洁。新区构建了联合审批平台，形成了"四并联"的审批机制。通过"并联审批"，实现在快中抢先机、快中抢效益、快中抢竞争力，压缩吃拿卡要等不廉洁行为的时间和空间。

通过推进电子政务来省资源、促廉洁。高起点规划并启动了6大系统组成的电子政务平台，从源头上规范政务审批、执法等程序，节约了行政资源，规范确保权力阳光运行。系统启用后，办公经费节约近百万元。

通过抓行政问责来提效能、促廉洁。出台《光明新区行政慢作为、不作为、乱作为责任追究办法（试行）》，不断提升干部作风，横扫精神倦怠、作风不实、执行力不强等萎靡之气，进一步激发了新区党员干部干事创业"正能量"。

四　坚持标本兼治，全面落实"惩处责任"，双向协作反腐败取得实效

打造纪检监察审计一体化办案模式。积极向体制优势"借力"，用审计监察方式发现问题，用纪检监察方式解决问题，做到纪检监察和审计工作的一体化。一是证据收集"互帮"。审计部门在审计过程中，发现有违法违纪线索，交由纪检部门介入予以突破。二是案件定性"互助"。案件检查部门对经济案件中违反财政财务收支方面的问题无法把握的，请审计部门发挥专业特长，及时介入予以指导。三是人员角色"互换"。审计人员在审计过程中，发现有经济问题的，即时转化为纪检人员参与案件调查。通过纪检监察和审计一体化，使经济案件线索查处落实到位，审计参与案件检查工作的深度和广度不断拓宽。如通过例行审计，发现某自来水公司1800余万资金管理不规范后，案件部门迅速介入，很快发现了该公司4名工作人员涉嫌违纪，在短时间内进行立案，追究嫌疑人的党政纪责任。

始终保持惩治腐败的高压态势。查办违纪违法案件是党风廉政建设的重要手段。一方面，严格执行有关党纪国法，切实把严明党的纪律特别是政治纪律放在首位，敢于铁面执纪，敢于板起脸来批评，对那些违反政治纪律、群众观念淡薄、把权力当作谋私工具等行为进行严肃查处，使纪律真正成为带电的高压线；另一方面，我们坚持将办案放在突出位置，常抓不懈。坚持以"零容忍"态度惩治腐败，既要坚决查处领导机关和领导干部违纪违法案件，又要切实解决发生在群众身边的不正之风和腐败问题，切实增强执纪办案的震慑力。创新"查办案件"理念。注重案件的查办和查办后的效果，更加注重发案原因的分析，做到惩治腐败、推动工作和堵塞漏洞于一体，不断更新办案理念。强化"案件查处"理念。打破遇案办案的传统模式，积极实行案前预防和案后预防，把"防微杜渐、

举一反三"的预防思想贯穿案件工作始终，实行有计划、有选择的案件查处，科学把握办案力度，办理了一批有影响的典型案件，积极惩处极少数、教育挽救大多数，实现政治、经济、法律和社会的综合效果的有机统一。

此外，新区还注重开展社会领域反腐倡廉建设，积极拓展廉洁新区建设"新领域"。出台《光明新区加强社会领域防治腐败工作的意见》，系统构建社会领域防治腐败工作的六大体系，做到有规划、有理论、有实招、有亮点。

（一）加强"两新"组织惩防体系建设

一是出台关于设置"两新"组织纪检委员的规定，开创性地在"两新"组织中设立纪检委员，配强纪检队伍力量，将广大民营企业纳入新区的反腐倡廉惩防体系；二是以会代课，加强对纪检委员的教育培训，组织纪检委员进行集体宣誓，提高纪检委员的业务素质和纪律意识；三是开展"两新"组织"廉洁大讨论"活动，签订了以反行贿为主题的《光明新区"两新"组织廉洁从业倡议书》，促进廉洁从业行为社会化；四是与省纪委《广东党风》杂志社、深圳大学合作，在新区非公有制企业组织开展"廉洁企业好声音"主题辩论活动，促进非公企业廉洁守法。

（二）以制度为纲科学统筹非公有制企业纪检组织建设

出台《关于在光明新区非公有制企业党组织中建立健全纪检组织的实施意见（试行）》和《关于在非公有制企业建立健全纪检组织工作的实施方案》，对非公有制企业纪检组织建设做出制度性安排，做到组织网络健全、人员配备到位、职责分工明确、经费保障有力，为推动新区经济持续健康发展提供坚强保证。特别是把非公企业纪检工作经费纳入财政预算。建立廉洁文化示范点、示范基地，联合宝安区人民检察院、光明集团建立了新区首个"廉洁文化建设示范点"、"廉洁文化进企业教育示范基地"。

（三）以"反行贿"为主题面向市民开展宣传活动

以社会领域反腐败的相关知识和常见事例为内容，制作了宣传资料向市民广泛派发，普及社会领域反腐败的相关知识；开展"反行贿"宣传和签名活动，吸引市民前来签名倡议；开展治理违规收送红包礼金专项行动，狠刹收送礼金不正之风。

（四）"廉洁光明"文化创意系列作品参展文博会

在第八届中国（深圳）国际文化产业博览交易会上，新区的文化创意作品首次闪亮登场，借助这一广阔平台，集中展示新区成立以来在大力开展廉政建设、打造特色廉洁文化品牌方面的重要成果。廉洁文化首次亮相文博会，这是新区纪检监察部门坚持走群众路线、打群众反腐战的一次积极探索，同时也是新区开展社会领域反腐败建设的一次有益尝试，实现了文博会历史上"零"的突破，成为文博会历史上开创先河的一大亮点。

（五）夯实基层党风廉政建设基础

一是强化基层纪检组织建设。印发《关于加强基层纪检组织建设的意见》，完善基层纪检组织的设置、规范化建设以及纪检干部的双重管理权限，加强对基层纪检干部的培养。二是完善公明办事处社区党风廉政建设。公明办事处是率先实行基层社区和股份公司财务上管一级的先行单位，借助社区党廉信息平台来推进社区信息公开，实现了对股份公司和社区财务的网络核算的动态监督。三是加大光明办事处集体经济监管。一方面，对农场改制初期依托居民小组或侨民点设立的25家居民公司，积极督促其完成清产核资，理顺产权结构、实现财务公开，积极搭建股民代表议事机构，推动公司经营管理决策的民主和透明化。另一方面，充分发挥政府在公司组建和运营阶段的引导和监管作用，依托社区成立新型社区股份有限公司。按照"三统一分"思路，从一开始就将预防腐败的理念注入股份公司的章程和制度，从纪检、监察、审计的角度督促完善工作制度和流程，引导股份公司规范组建、健康发展。

第七章

光明新区改革创新的成功
经验与未来展望

　　"想干、敢干、快干、会干"是新时期深圳经济特区的精神标识，光明新区管委会也将这几个字装裱成大幅书法作品悬挂在办公楼大厅中，对每天出入办公楼的特区干部职工来说，这既是一种激励，更是一种提醒。"人事有代谢，往来成古今。"自新区成立以来，时光匆匆而过光明新区突出"三化一平台"改革主攻方向，坚持深圳质量、深圳标准，以大项目带动区域发展，以区域带动整体发展，统筹推进促改革、调结构、优配套、惠民生、转作风等工作，各项事业发展取得了新的业绩。面对新时期的新挑战，新区更应该充分总结过去岁月中的成功经验，这不仅是对在这片热土上挥洒过汗水、贡献过青春的开拓者们光辉事迹的记录，更是对如何面对明天更为光荣也更为艰巨的任务的一种严肃思考。2012 年 11 月 15 日，刚刚在党的第十八届中央委员会第一次全体会议上当选的中共中央总书记习近平在中外记者见面会上庄严地指出："我们的党是全心全意为人民服务的政党。党领导人民已经取得举世瞩目的成就，我们完全有理由因此而自豪，但我们自豪而不自满，决不会躺在过去的功劳簿上。"①

　　诚哉斯言，习近平总书记这段话的意义非常重大，习近平总书记在讲这段话时是针对全党的历史责任和对人民的责任而言的。可是，这段话对于年轻的光明新区而言更具有指导意义。今天的时代处于大发展、大变革、大调整时期，光明新区的明天，机遇与风险

_____

　　① 习近平在新一届政治局常委记者见面会上的讲话。

并存，未来一段历史时期是光明新区发展历程中的关键时期、发展战略机遇期，全区干部职工和人民群众都必须在继承借鉴历史经验教训的基础上进一步发扬奋发有为的精神，推动经济社会全面发展，实现特区赋予光明新区的历史使命。从面临的挑战方面来看，首先有国际国内经济大背景的问题。2008 年国际金融危机以来，西方发达国家的生产力遭受了较大的影响，国际经济复苏缓慢，美欧等发达国家的购买力下降，导致中国出口有效需求不足。中央曾在中央经济工作会议中对世界经济大势做出了判断："世界经济仍将延续缓慢复苏态势，但也存在不稳定不确定因素，新的增长动力源尚不明朗，大国货币政策、贸易投资格局、大宗商品价格的变化方向都存在不确定性。国际金融危机影响具有长期性，国际市场争夺更趋激烈……"① 可见，面临经济新常态的新形势和新挑战，必须以新思路、新战略和新举措应对。

从国内看，改革开放以来支撑我国经济实现 30 多年快速增长的两个主要优势，或者说两个重要"引擎"的动力都或多或少受到了影响。第一个是"比较优势"，林毅夫认为改革开放之初，我国在国际分工中具有劳动力方面的优势，因此可以通过出口大量物美价廉的商品实现我国经济的快速发展，但是随着"路易斯拐点"的到来，我国的人口红利不断缩小，老龄化社会对经济社会的影响越来越大。因此，中国的劳动力成本也在不断攀升，加剧了中国出口的压力，低成本制造的优势不断削弱。第二个是"后发优势"，主要是指科学技术是第一生产力，科技是生产要素中最活跃的成分，而且对其他各种生产要素起到一个推动的作用。而我国在改革开放之初，科学技术并不发达，很多领域远远落后于西方发达国家。但是，通过改革开放、创立经济特区，我们打开了国门，积极引进国外先进科学技术和管理方法，极大地刺激了中国经济的快速增长。但是改革开放 30 多年后，我国在科学技术发展水平上和西方的差距不断缩小，赶超的空间也越来越小，因此经济增长速度的放缓就成为一个长期性、趋势性的过程，经济下行的压力不断加大。在这种经济

---

① 《人民日报》2013 年 12 月 14 日 第 1 版。

"新常态"下，我们必须沉着应对，有所作为，李克强总理指出："我们追求的发展，是提高质量效益、推进转型升级、改善人民生活的发展。要在稳增长的同时，推动发展从主要依靠要素投入向更多依靠创新驱动转变，从主要依靠传统比较优势向更多发挥综合竞争优势转换，从国际产业分工中低端向中高端提升，从城乡区域不平衡向均衡协调迈进。完善政绩考核评价体系，切实把各方面积极性引导到加快转方式调结构、实现科学发展上来，不断增加就业和居民收入，不断改善生态环境，使经济社会发展更有效率、更加公平、更可持续。"①

国家主席习近平在新中国成立六十五周年的招待会上语重心长地指出："面向未来，我们必须坚持改革创新。'天行健，君子以自强不息。'人类社会总是在不断创新创造中前进的。要破解中国发展中面临的难题、化解来自各方面的风险挑战，除了深化改革，别无他途。中华民族以伟大创造能力著称于世。我们要适应历史前进的要求，坚定不移全面深化改革，敢于下深水、涉险滩，勇于破藩篱、扫障碍，推动中国始终走在时代前列。"②

面向未来，光明新区的责任更重大、使命更光荣。根据部署，面向未来，光明新区要紧紧抓住国家方针政策和光明实际情况的契合点，将顶层设计与基层群众的首创精神有机结合起来，把国家级一流智库与中国改革开放第一线的实践经验结合起来，在经济发展方式转变、自主创新、经济增长质量、新型城镇化、绿色低碳循环发展、一流园区建设、社区基金会、基层党建与基层社会治理等方面先行先试，全面推进新区的政治建设、经济建设、文化建设、社会建设、生态文明建设，为全面建成小康社会而努力奋斗，并突出光明新区的科学而独特的定位，通过探索与实践，努力成为国家战略与基层实践相结合的"试验田"。

---

① 李克强 2014 年政府工作报告。
② 习近平在新中国成立六十五周年招待会上的讲话。

第一节　坚持创新导向，全面推进新区各项事业发展

毋庸置疑，创新是一个民族进步的灵魂，是一个国家兴旺发达的不竭动力，是一个政党永葆生机的源泉。创新具有重大的理论价值和现实意义。在当今世界，一个国家和地区的经济增长主要取决于它的知识积累、科技水平和人力资源的规模及质量。而科技是最活跃的生产要素，是第一生产力。要想实现经济发展方式的转型和产业结构的升级，就必须依靠科学技术的进步、制度创新和人力资源水平的提升；在全面建设小康社会的形势下，就必须大力发展生态文明，建设美丽中国，实现人与技术、经济与自然、经济与社会的全面协调可持续发展，这当然需要新的科学技术的产生和新的组织方式和制度体制创新作为基础。在面对新常态的新形势下，尤其需要改革创新精神。习近平总书记曾指出："最核心的是要坚持稳中求进，改革创新。要稳扎稳打，步步为营，巩固稳中向好的发展态势，促进经济社会大局稳定，为全面深化改革创造条件。同时，要积极推动全面深化改革，坚持问题导向，勇于突破创新，以改革促发展、促转方式调结构、促民生改善。'稳'也好，'改'也好，是辩证统一、互为条件的。一静一动，静要有定力，动要有秩序，关键是把握好这两者之间的度。"①

按照著名学者熊彼特的创新理论，从逻辑上讲，创新可以分为技术创新、制度创新、理论创新。在这"三大创新"中，三者各具特色，内涵不同，但是又必须互为补充，互相作用。新区作为深圳市改革创新的产物，自成立以来在各项事业方面均取得的显著成就也可以集中体现三个方面，新区实践历程中大量的客观事实雄辩地证明：坚持改革创新是实现这些成就的根本原因。

第一，理论创新引领改革实践。理论创新是中国共产党的一个光荣传统和重要优势，党的十八大报告明确指出了理论创新的重要

①　习近平在中央经济工作会议上的讲话，2013 年 12 月 16 日。

性："认识真理永无止境，理论创新永无止境。全党一定要勇于实践、勇于变革、勇于创新，把握时代发展要求，顺应人民共同愿望，不懈探索和把握中国特色社会主义规律，永葆党的生机活力，永葆国家发展动力，在党和人民创造性实践中奋力开拓中国特色社会主义更为广阔的发展前景。"①

　　首先对理论创新之于创新体系的重要性做一下分析。创新就是从人类的某种理念出发，依据客观实际，解放思想，以一种新的思想或实践代替、改变旧的思想和实践，并在实际中产生效应的过程。那么，什么是理论创新呢？理论创新是指人们在对事物的发展规律有了全面而深入的了解和研究后，通过一个把握规律性、体现时代性、富有创造性的思考加工过程，最终推翻或者改变了一种固有的逻辑框架和思想体系，从而使人们的思想更加与时俱进，不断接近客观实际，更加准确反映客观实际的过程。深圳市委市政府自新区成立以来就将科学发展观以及"深圳质量"等先进理念作为新区发展的指导思想，不断推动新区的改革创新事业，这是新区取得所有成绩的重要前提。市委市政府始终把光明新区的改革创新工作摆在十分重要的战略位置，在有关创新的发展思路、政策支持等方面均对新区给予了大力扶持和引导。市委市政府曾专门出台《关于支持光明新区工作的决定》，王荣书记明确要求新区坚持"科学规划先导，基础设施先行，打造现代化绿色新城"，为新区创新事业做出了正确的指引；市第五次党代会赋予新区打造新的区域增长极、打造经济发展的主战场的创新使命；许勤市长要求光明新区不仅要发展成为深圳区域增长极，更要成为整个珠江口东岸的亮点。在市委市政府的指导下，新区以改革创新为核心，用全面协调的战略思维和统筹兼顾的方法推进各项工作、各个领域中的创新事业，先后制定和颁布了《光明新区五年发展规划》、《光明新区绿色建设指标体系1+6》、《光明新区党建五年规划》、《光明新区发展社区经济实施意见》、《光明新区社会建设五年计划》、《光明新区改革创新三年规划》、《深圳市2014年改革计划》等重要文件，明确提出了"一城

---

① 胡锦涛在中国共产党第十八次全国代表大会上的报告。

两轮"发展战略，即以"绿色新城"为目标，通过新型城市化、新型工业化"双轮驱动"，建设绿色新城，建设光明高新园区，不断探索城区发展新模式，在建设"绿色新城、创业新城、和谐新城"方面取得了显著成就。

第二，科技创新激活经济动力。邓小平同志曾指出，科学技术是第一生产力。这就解释了科学技术在促进生产力发展和综合国力提升，推动经济社会发展中的重要作用。我国之所以能在改革开放之后实现飞速发展，形成"中国速度"的奇迹，一个很重要的原因就在于"后发优势"，就是指在改革开放初期，我国的科学技术水平在很多领域并不发达，和西方发达世界相比还有很大程度的赶超空间，在我们实行对外开放政策、创办经济特区之后，我们打开了国门，积极引进西方先进的科学技术，加速了中国的产业升级，促进了中国经济的连年高速增长。但是，随着改革开放 30 多年的历程，我国在引进西方大量先进的科学技术的基础上，在很多领域的科学技术发展水平和西方发达国家的差距不断缩小，甚至在某些领域比如高铁等科学技术水平已经位居全球领先地位，诞生了诸如联想、华为等一系列国际知名品牌和国际化民族企业。这是我们中华民族的骄傲，但是从另外一个角度而言，我们和西方发达国家的科学技术水平缩小了，我们赶超的空间也随之压缩，那么我们经济增速的放缓也就成为一个必然的趋势，所谓经济下行压力不断加大，呈现出了经济发展的新常态。在这种大背景下，提升科技创新能力就成为迫在眉睫的时代课题。所谓科技创新是指科学创新和技术创新两个内容，主要涉及发明或应用新知识、新技术、新方法、新材料，采用新的管理方式和组织流程来产生新的产品，新的服务，或者提升效率和质量的全过程。

特别值得一提的是，科学技术创新不是一个孤立的过程，而是一个复杂的系统工程，在计划经济时代，我国创新的主体主要在国家科学研究机构和大专院校的实验室，主要推动力量是党和国家的科技发展战略，主要支撑力量也来自政府资金。在改革开放之后，随着社会主义市场经济的迅速发展，企业在科技创新中的地位日益凸显，但是由于体制机制各方面的束缚，我国在科技创新方面还有很多薄弱环节。当前，要深刻地认识到，科技创新必须由社会各个主体共同关心、共同投入。科学技术创新的系统工程涉及政府的产业政策，企业的创新意愿和基础，科技中介服务机制的构建，科技市场信息的透明和灵敏，教育体制的改革和国民创新能力的培育，全社会积极创新的文化氛围，知识产权保护机制的完善等因素。

党的十八届三中全会在《中共中央关于全面深化改革若干重大问题的决定》中针对科技体制的改革也做出了部署，对新区科技创新具有重要的指导意义。《决定》指出："建立健全鼓励原始创新、集成创新、引进消化吸收再创新的体制机制，健全技术创新市场导向机制，发挥市场对技术研发方向、路线选择、要素价格、各类创新要素配置的导向作用。建立产学研协同创新机制，强化企业在技术创新中的主体地位，发挥大型企业创新骨干作用，激发中小企业创新活力，推进应用型技术研发机构市场化、企业化改革，建设国家创新体系。加强知识产权运用和保护，健全技术创新激励机制，探索建立知识产权法院。打破行政主导和部门分割，建立主要由市场决定技术创新项目和经费分配、评价成果的机制。发展技术市场，健全技术转移机制，改善科技型中小企业融资条件，完善风险投资机制，创新商业模式，促进科技成果资本化、产业化。整合科技规划和资源，完善政府对基础性、战略性、前沿性科学研究和共性技术研究的支持机制。国家重大科研基础设施依照规定应该开放的一律对社会开放。建立创新调查制度和创新报告制度，构建公开透明的国家科研资源管理和项目评价机制。"①《决定》的这段论述是关于科技创新的顶层设计，按照"治大国若烹小鲜"的智慧和思路，揭示了如何利用市场和政府的作用来促进科技创新，尤其是政府应切实做到"有所为有所不为"，既善于利用市场的手段来激发企业创新活力，不"越粗代庖"，也要为科技创新搭建扎实可靠的平台，用配套制度鼓励创新精神，保护创新成果。

新区自成立之初就着力发展高新技术产业，推进产业高端化发展。全力推进产业转型、升级和竞争力提高。突出发展增加值比较

---

① 《中共中央关于全面深化改革若干重大问题的决定》。

高的高新技术产业和制造业的高端环节，壮大提升传统特色制造业，加快发展高端服务产业，推进跨越式科学发展目标的实现。为此，新区积极推进招商局科技企业加速器、留学生创业园、科创中心等创新载体建设，提升新区自主创新环境，激活创新机制，吸引创新人才，为企业创新提供科技支撑。同时加大高水平的科研机构的建设力度，在科研机构和企业实体之间搭建共性技术平台，促进科研理论成果向技术创新产业快速转化。新区逐步形成并推广"科研、产业、资本"三位一体的"微创新"体系，让国家创新体系与新区创新体系完美融合、知识创新体系与技术创新体系相得益彰。新区利用财政力量引导企业创新，完善企业为主体的技术创新体系。一方面，积极推进"科技＋金融"的融合式创新，采取房租补贴、召开金融政策宣讲会等鼓励担保机构、风险投资公司、金融机构等科技中介进驻新区。此外，正因科技创新的基础和源泉是创新型人才，新区为了吸引高科技研究人才，实现科技创新可持续发展也做了很多努力，创立留学人员创业园，其中设有融留学人员创业园、科技企业孵化器、私募基金产业园、就业创业服务中心为一体的"大创业园"，为新区创业的海外留学人才、户籍居民以及其他创新创业人才提供一站式服务。目前，光明新区企业创新水平逐步提高。注册地在光明新区的国家级高新技术企业已达86家，拥有市级以上工程中心、技术中心17个（其中省级3个）。企业累计专利授权量已经从成立之初的515件，增至目前的10258件，增长近20倍。

第三，制度创新夯实发展基础。制度创新是创新的一个重要组成部分，制度创新的内涵主要涉及政治、经济、文化、社会、法律等各方面体制的改革，主要意义在于通过制度变革激发出各个社会主体积极主动创新的热情和干劲，使勇于创新并有所突破的个人或企业都得到制度的奖励，并打破各种束缚创新、压抑创新的体制和做法，使创新之源充分涌动，真正做到"问渠那得清如许，为有源头活水来"。应该承认，制度变革其实是历史唯物主义的一个基本要求，习近平总书记曾在政治局集体学习中明确指出："要学习和掌握社会基本矛盾分析法，深入理解全面深化改革的重要性和紧迫性。只有把生产力和生产关系的矛盾运动同经济基础和上层建筑的矛盾运动结合起来观察，把社会基本矛盾作为一个整体来观察，才能全面把握整个社会的基本面貌和发展方向。坚持和发展中国特色社会主义，必须不断适应社会生产力发展调整生产关系，不断适应经济基础发展完善上层建筑。我们提出进行全面深化改革，就是要适应我国社会基本矛盾运动的变化来推进社会发展。社会基本矛盾总是不断发展的，所以调整生产关系、完善上层建筑需要相应地不断进行下去。改革开放只有进行时、没有完成时，这是历史唯物主义态度。"① 因此，从理论上明白了制度创新的必然性也就提高了制度创新的自觉性和主动性，自觉顺应改革创新潮流，积极引领、促成改革创新发展。

光明新区本身就是制度创新的产物，新区自成立以来在转变政府职能、加强行政绩效方面，进一步创新优化体制机制，发挥好机构编制的资源配置杠杆作用，取得了良好的效果。逐步建立职能部门"权责清单"制度、推进公共资源交易体制改革、深化"四并联"审批机制改革、创新"大部门"制运行机制、创新基层治理模式体系，并在全面总结新区运行经验和系统分析存在问题的基础上，按照管理扁平化、精细化、科学化的要求，通过改革创新，对新区基层行政管理机构进行调整，优化管理层级和管理范围、科学界定办事处和社区职能，将办事处、社区的横向管理幅度适当调整，实现二者之间的管理平衡，以增强办事处的行政管理能力，建立起层级适度、管理扁平、结构优化的高效行政体制。通过改革切实解决了基层管理服务幅度过大、管理层级多、职能交叉重叠等问题，实现了简政放权，提高了行政效能。加强和改进党的建设也是制度创新的重要组成部分，近年来，新区基层党建方面的创新力度不断加大，主要表现为：突出改革统领，认真做好党建工作总体设计。注重党建创新。与中央党校党史部和党建部合作，将光明新区列为中央党校基层党建改革创新试点地区。主导出台了《关于全面深化改革进一步完善功能区体制机制的决定》，以严格落实责任、提升队伍作风为重点，进一步强化基层队伍执行力建设。把建立深入党群联

① 习近平在中共中央政治局第十一次集体学习时的讲话。

系机制等 6 项基层党建创新项目纳入新区 2014 年改革计划，重点推进落实，并且不断探索纪检监察体制改革。在全省率先开展了"各级纪委书记、副书记的提名和考察以上级纪委会同组织部门为主"和"一案两报"试点工作。投资 500 万元建设公明办事处电脑记账中心，实现了办事处对社区财务状况的全程监控，规范了社区财务管理。行政管理体制改革和基层党组织建设的改革有机结合在一起，既有所分工，又互相配合，能够形成强大的合力，激发出光明新区经济社会又好又快的强大原动力。

制度创新意义重大，我国经济社会发展曾有过的教训值得借鉴。新中国成立后，我国实行"一五"计划，基本上照搬照抄了苏联模式。苏联模式的特征是一套高度集中的政治经济体制，这种制度模式在特定的历史时期曾经起到过积极的作用，具有集中精力办大事的制度优势，能够应对种种严峻的国内外挑战，实现统一和富强。但是，这种高度集中的政治经济体制的弊端也是明显的，容易抑制市场和社会的活力，导致"万马齐喑究可哀"的局面。

所以如何通过制度创新，解放思想，解放生产力、解放社会活力就成为我国十一届三中全会以来改革开放的主旋律，如何走向未来，正如十八届三中全会通过的《中共中央关于全面深化改革若干重大问题的决定》最后一条所指出的："人民是改革的主体，要坚持党的群众路线，建立社会参与机制，充分发挥人民群众积极性、主动性、创造性，充分发挥工会、共青团、妇联等人民团体作用，齐心协力推进改革。鼓励地方、基层和群众大胆探索，加强重大改革试点工作，及时总结经验，宽容改革失误，加强宣传和舆论引导，为全面深化改革营造良好社会环境。"[1] 可见，制度创新的主要目的就在于通过制度体制的改革创新，打破长期束缚社会活力和生产力活力的各种桎梏，激发出人民群众和基层党员的积极性和主动性，发扬人民群众的主人翁意识，投身到为实现全面建成小康社会，实现建成富强民主文明和谐的社会主义现代化国家而努力奋斗的实践中去。深圳经济特区正是党和国家的制度创新的产物，光明新区又

---

① 《中共中央关于全面深化改革若干重大问题的决定》。

是深圳市制度创新的产物，所以光明新区在制度创新的道路上必然肩负更艰巨的任务和更光荣的使命。

第二节　坚持生态优先理念，将生态文明建设融入各项事业全过程

第一，突出重点，将生态文明建设作为新区各项工作的重点。党的十八大提出："建设生态文明，是关系人民福祉、关乎民族未来的长远大计。面对资源约束趋紧、环境污染严重、生态系统退化的严峻形势，必须树立尊重自然、顺应自然、保护自然的生态文明理念，把生态文明建设放在突出地位，融入经济建设、政治建设、文化建设、社会建设各方面和全过程，努力建设美丽中国，实现中华民族永续发展。"① 这就进一步凸显了生态文明建设在整个中国特色社会主义事业总布局中的地位。

十八届三中全会也对生态文明建设做出了重要部署，《中共中央关于全面深化改革若干重大问题的决定》中提出："建设生态文明，必须建立系统完整的生态文明制度体系，实行最严格的源头保护制度、损害赔偿制度、责任追究制度，完善环境治理和生态修复制度，用制度保护生态环境。加快自然资源及其产品价格改革，全面反映市场供求、资源稀缺程度、生态环境损害成本和修复效益。坚持使用资源付费和谁污染环境、谁破坏生态谁付费原则，逐步将资源税扩展到占用各种自然生态空间。稳定和扩大退耕还林、退牧还草范围，调整严重污染和地下水严重超采区耕地用途，有序实现耕地、河湖休养生息。建立有效调节工业用地和居住用地合理比价机制，提高工业用地价格。坚持谁受益、谁补偿原则，完善对重点生态功能区的生态补偿机制，推动地区间建立横向生态补偿制度。发展环保市场，推行节能量、碳排放权、排污权、水权交易制度，建立吸引社会资本投入生态环境保护的市场化机制，推行环境污染第三方治理。建立和完善严格监管所有污染物排放的环境保护管理制度，

---

① 胡锦涛在中国共产党第十八次全国代表大会上的报告。

独立进行环境监管和行政执法。建立陆海统筹的生态系统保护修复和污染防治区域联动机制。健全国有林区经营管理体制，完善集体林权制度改革。及时公布环境信息，健全举报制度，加强社会监督。完善污染物排放许可制，实行企事业单位污染物排放总量控制制度。对造成生态环境损害的责任者严格实行赔偿制度，依法追究刑事责任。"① 这段论述也充分解释了政府和市场在生态文明建设中的功能定位，一方面政府应严格执法，提高环境违法者的违法代价，树立科学的政绩观，建立有利于生态文明进步的科学的创业导向和用人导向；另一方面也要尊重市场客观规律，切实发挥市场在调节资源配置，促进生态文明方面的积极作用。

深圳市作为中国特色社会主义事业的示范市和改革开放的"排头兵"，历届市委市政府都高度重视环境保护工作，在生态文明建设方面一直走在全国前列。深圳市是国家批准的第一批全国生态文明建设试点，近年来又提出了"生态立市"的战略发展目标，在节能减排、资源循环利用、生态宜居城市建设等方面均取得显著成就，以绿色低碳的方式推动城市可持续发展。新区自成立以来更是自觉将生态文明建设作为重中之重来抓，光明新区自成立以来，以生态文明考核为契机，不断完善生态优先的发展理念，并将生态文明融入城市建设中。新区从 2008 年开始参加市环保实绩考核，近年来，生态文明建设考核在原环境保护实绩考核的基础上，还增加了十八大和十八届三中全会关于加强生态文明制度建设的相关内容。此外，新区以战略眼光制定了《深圳市光明新区绿色新城建设纲要和实施方案研究报告》、《光明新区绿色新城建设行动纲领和行动》1+6 文件等纲领性文件；高起点编制了综合交通、再生水及雨洪利用、生态建设等 40 多个"绿色"专项规划，率先制定了《绿色城市建设指标体系》，确定生态环境友好健康、经济发展高效有序、社会和谐民生改善三大类指标 30 项。正是在科学理念的指引下，新区自成立以来全方位、立体式推进生态文明示范城区建设，取得了显著成就，2008 年第四届"绿博会"上，光明新区成为国家首个国家绿色建筑

---

① 《中共中央关于全面深化改革若干重大问题的决定》。

示范区之一，2011 年，被评为全国首批低冲击开发雨水综合利用示范区，2013 年的第九届"绿博会"上，获得"国家绿色生态示范城区"授牌，成为全国唯一集三块"国字号"招牌于一身的城区。

第二，因地制宜，对生态文明进行科学的规划和部署。生态文明建设不是孤立存在的，需要融入其他各项工作的全过程，也需要得到其他方面工作的支持和配合。新区自成立以来，充分依托新区良好的生态条件，以绿色建筑、绿色产业、绿色交通为主要支柱，坚定地走绿色、低碳发展道路，加快打造现代化绿色新城。近年来坚持以生态文明引领城市建设，狠抓项目带动、狠抓功能配套，打造绿色新城。充分发挥规划在新城和园区建设中的引领作用，严格按照绿色低碳发展要求，对城区发展总体规划、片区详细蓝图等各层级规划进一步调整完善。着力研究解决刚性规划和项目建设实际的矛盾，努力寻求规划引领和发展需求之间的平衡点。全面落实光明门户区、平板显示园发展单元规划。加强核心区域项目规划设计审核把关，打造精品工程。通过不懈的努力，新区实现了"七个绿色"的战略布局：以绿色建筑为核心和基础，同时涵盖绿色空间、绿色生态环境、绿色交通、绿色产业、绿色社区等 7 个方面，以整体区域概念建设示范区，全方位研究探索建立光明新区"绿色新城"的建设标准、行动纲要和指标体系。截至目前，光明新区按绿色建筑标准进行建设的项目共 94 个，总建筑面积约 436.1 万平方米，其中产业类项目 67 个，公共建筑项目 12 个，保障性住房项目 10 个，城市更新和房地产项目 5 个，19 个项目通过国家和地方绿色建筑设计标识认证，约占全市的 1/5。

第三，与时俱进，注重生态文明建设过程中的制度创新。2013 年党的十八届三中全会的召开标志着全面深化改革新时期的到来，生态文明建设也必须适应新的形势，大胆创新、与时俱进。《中共中央关于全面深化改革若干重大问题的决定》站在建设中国特色社会主义"五位一体"总布局的高度提出了要深化生态文明体制改革，加快生态文明制度体系建设的重大议题。应该说，党的十八届三中全会总结了我国多年来生态文明建设的成功经验，针对实践中存在的问题，提出要实行最严格的源头保护制度、损害赔偿制度、责任追究制度，完善环境治理和生态修复制度。这是基于党的十八大关于生态文明建设战略部署做出的重大创新和具体规定，对深圳市，尤其是光明新区生态文明建设工作都具有深远的指导意义，特别是2013 年 7 月深圳市制定了《深圳市人民政府关于进一步规范基本生态控制线管理的实施意见》，提出了坚持铁线管理的原则，严厉查处基本生态控制线内违法建设等行为。全市都要充分认识基本生态控制线对保护生态的极端重要性，构建区域性生态廊道，提高重点生态功能区的生态价值。但是新区在实践中却产生一些问题，主要是有一些整村划入生态控制线的村落，由于线内禁止发展第二产业，靠建厂房出租的村民一下子失去了经济来源，一度抗拒和不解，加上短时间内难以找到可以替代的发展方式，群众抵触情绪较大。这就呼唤未来的制度创新，新区近年来在控制线内的分级管理，生态补偿，以及引入市场机制等方面进行了探索，在实践中取得了良好的效果。今后还要在绿色社区建设体制方面、生态城区管理方面、环保审批和监管机制方面取得更大的进展。

第三节　坚持服务型政府的改革方向，以人为本，解放市场活力

　　全心全意为人民服务是党的宗旨。党和政府的一切政策都要以人民群众的利益作为出发点和落脚点，要真正实现"权为民所用，利为民所谋，情为民所系"，实现"发展为了人民，发展依靠人民，发展成果由人民共享"。党的十八大实现了新老领导集体的顺利交接，习近平总书记代表新一届中央领导集体做出了庄严承诺，习总书记明确指出："这个重大的责任，就是对人民的责任。我们的人民是伟大的人民。在漫长的历史进程中，中国人民依靠自己的勤劳、勇敢、智慧，开创了民族和睦共处的美好家园，培育了历久弥新的优秀文化。我们的人民热爱生活，期盼有更好的教育、更稳定的工作、更满意的收入、更可靠的社会保障、更高水平的医疗卫生服务、更舒适的居住条件、更优美的环境，期盼着孩子们能成长得更好、工作得更好、生活得更好。人民对美好生活的向往，就是我们的奋

斗目标。人世间的一切幸福都是要靠辛勤的劳动来创造的。我们的责任，就是要团结带领全党全国各族人民，继续解放思想，坚持改革开放，不断解放和发展社会生产力，努力解决群众的生产生活困难，坚定不移走共同富裕的道路。"①

"民之所望，我之所向。"要想贯彻落实为人民服务的宗旨就必须正确地、更好地发挥政府的作用，党的十八届三中全会的一个重要历史贡献就在于在政府和市场之间画了一条红线，清晰地界定了政府有所为有所不为的界限。理顺政府与市场之间、政府与社会之间的关系是十八大以来政府体制改革和完善社会主义市场经济体制的一个重要主题。从历史上考察，如果政府倾向于大包大揽，不注重经济建设和社会发展的客观规律，不善于调动人民群众的积极性就无法实现经济社会的持续健康发展。

习近平总书记在对十八届三中全会通过的《中共中央关于全面深化改革若干重大问题的决定》中明确指出："关于使市场在资源配置中起决定性作用和更好发挥政府作用，这是这次全会决定提出的一个重大理论观点。这是因为，经济体制改革仍然是全面深化改革的重点，经济体制改革的核心问题仍然是处理好政府和市场关系。"②

以上这段论述应该成为理解十八届三中全会精神的核心，也是正确理解和贯彻落实习近平总书记重要讲话精神的一个重要内容，究其原因，这段话明确界定了政府的边界，回答了政府应该做什么，不能做什么，市场应该做什么，不能做什么的问题，具有极强的现实指导意义，在新区政府的工作中，应该按照习近平总书记讲话精神的指导，全面、正确地履行政府职责，"不缺位、不错位、不越位"。

第一，坚持全心全意为人民服务的宗旨，解决群众最关心、最直接、最现实的问题。新区自成立以来就坚持以民生改善引领社会建设，狠抓社区发展、狠抓服务创新，打造幸福光明。一方面加大

① 习近平在新一届政治局常委记者见面会上的讲话。
② 习近平关于中央全面深化改革决定的说明。

对社区建设的投入，打造社会建设新品牌。继续完善推广"楼长制"、社区邻里服务中心等创新举措，大力推进"织网工程"、"风景林工程"。重点实施"幸福社区建设计划"，按照"一街道一品牌，一社区一特色"的思路，完善提升社区"五个一工程"：确保一个社区一个文体广场、一个休闲公园、一条景观道路、一个服务中心，一个外来人口参与的社区理事会，全面提升社区建设水平。其次是加大民生保障力度，新区认真贯彻落实中央省市各项惠民政策措施，扎实开展各项帮扶解困工作，不断加大对低收入困难家庭、老年人、残疾人、孤儿、优抚对象等弱势群体的社会福利保障资金投入，累计投入超过亿元，切实保障了低保群众、残疾人和孤儿的基本生活。再次，新区在文教卫等社会事业上也加大投入力度，建章立制，取得了显著的成绩，获得了群众的广泛好评。十八届三中全会之后，按照中央、省市关于全面深化改革的各项部署，新区在民生事业方面还要推进社区基金会试点改革。强化基层"末梢"管理和服务，充分发挥社区基金会作为社区治理体系新模式、政府转变职能新载体、社区公益服务新平台、社会保障体系新触角、公益慈善发展新方向的"五新"作用。并探索推行"文体通"惠民卡、深化"教育券"制度改革、完善公办、民办学校"1∶1"结对帮扶机制、创新推进"家庭医生"服务机制。

第二，深化行政体制改革与创新，建设高效务实的政府机制。新区自成立以来借鉴国内外成功经验，结合光明新区实际，按照决策、执行和监督相分离原则，推进光明新区行政体制改革和创新，健全行政职责体系，整合行政资源，形成权责一致、分工合理、决策科学、执行顺畅、监督有力的行政管理体制，提高行政管理效率和公共服务水平。在转变政府职能、加强行政绩效方面，进一步创新优化体制机制，发挥好机构编制的资源配置杠杆作用。在夯实基层基础、改进工作作风方面，进一步创新基层党组织设置和活动机制，发挥好党在基层的统领作用。在优化选人用人、吸引留住人才方面，进一步改革人才激励机制，发挥好人才在推动新区事业发展中的关键作用。此外，在全面总结新区运行经验和系统分析存在问题的基础上，按照管理扁平化、精细化、科学化的要求，通过改革创新，对新区基层行政管理机构进行调整，优化管理层级和管理范围、科学界定办事处和社区职能，将办事处、社区的横向管理幅度适当调整，实现二者之间的管理平衡，以增强办事处的行政管理能力，建立起层级适度、管理扁平、结构优化的高效行政体制。十八届三中全会以来，新区还将进一步创新基层治理模式体系。以改革社区治理体制、强化末梢管理为核心，建立社区综合改革体系。聚焦社区治理这一改革重点，突出社区党建、社区服务、社区自治、社区管理四大改革领域，推出风景林工程、织网工程、幸福社区建设工程等一系列社区治理项目，逐步形成全方位、多层次的社区综合治理模式和"多方参与，共建共享"的社区治理体系。

第三，简政放权，发挥市场的决定性作用，激活市场活力。新区秉持理顺政府与市场关系的正确理念，不断探索政府"自我革命"的新思路，逐步深化"四并联"审批机制改革，梳理新区各单位审批时限压缩完成情况，督促各单位跟进审批时限未达标事项，并根据深圳市清理、减少和调整的行政审批事项及与宝安区签订的行政执法委托协议，进一步征求新区相关单位意见后压缩审批时限，简化和规范审批程序，提高审批效能。此外，新区大力推进公共资源交易体制改革，成立新区"公共资源交易中心"。在投资融资机制改革方面，新区一方面积极争取市里在土地保障、税收分成和城市基础设施建设等方面的政策支持，以确保城投公司具备较强的自我发展能力，具备"造血"功能；另一方面积极发挥资本运作"杠杆"效应，以少量融资带动大量社会资本，形成政府主导、市场运作、社会参与的多元投资格局。新区在注重发挥市场活力的同时也非常注重解放和发挥基层社会的活力，通过创新基层治理模式体系，精简层级管理，理顺事权关系；发挥社区综合党委作用，切实加强党的领导；积极推进服务平台建设，创新社区服务模式；大力推进居委会建设，强化社区民主自治；全面推进企社分离，逐步实现政企分开；积极培育社会组织，不断完善购买服务制度。在十八届三中全会后，新区将以转变政府职能为核心，按照法治、精简、效能以及严控的原则，优化新区"三定"方案，全面清理和规范各部门职权职责事项，明确职权运行的界限，规范自由裁量权。研究确定可取消、下放和转移的事项，制定职能部门权责清单并向社会公开，明确清单之外的事项由社会和市场主体依法自主决定，推动行政权力依法公开透明运行。

参考文献

1. Xingmin Liu, Hong Ren, Yong Wu, Deping Kong, "An analysis of the demonstration projects for renewable energy application buildings in China", *Energy Policy*, No. 5, 2013.

2. M. Premalatha, S. M. Tauseef, Tasneem Abbasi, S. A. Abbasi, "The promise and the performance of the world's first two zero carbon eco-cities," *Renewable and Sustainable Energy Reviews*, No. 7, 2013.

3. Sarah Burch, "In pursuit of resilient, low carbon communities: An examination of barriers to action in three Canadian cities", *Energy Policy*, No. 12, 2009.

4. Jenny Crawford, Will French, "A low-carbon future: Spatial planning's role in enhancing technological innovation in the built environment", *Energy Policy*, No. 12, 2008.

5. William Blyth, Richard Bradley, Derek Bunn, Charlie Clarke, Tom Wilson, Ming Yang, "Investment risks under uncertain climate change policy", *Energy Policy*, No. 11, 2007.

6. Gyo-Eon Shim, Sung-Mo Rhee, Kun-Hyuck Ahn, Sung-Bong Chung, "The relationship between the characteristics of transportation energy consumption and urban form", *The Annals of Regional Science*, No. 2, 2006.

7. George Bugliarello, "Urban sustainability: Dilemmas, challenges and paradigms", *Technology in Society*, No. 1, 2005.

8. Frans M. Dieleman, Martin J. Dijst, Tejo Spit, "Planning the compact city: The randstad Holland experience", *European Planning Studies*, No. 5, 1999.

9.〔法〕马塞尔·毛斯:《社会学与人类学》,上海译文出版社2003年版。

10.〔法〕马塞尔·莫斯:《人类学与社会学五讲》,林宗锦译,广西师范大学出版社2008年版。

11.〔韩〕全京秀:《环境人类亲和》,崔海洋译,贵州人民出版社2007年版。

12.〔美〕丹尼尔·科尔曼:《生态政治:建设一个绿色社会》,梅俊杰译,上海译文出版社2002年版。

13.〔美〕卡洛琳·麦茜特:《自然之死——妇女、生态和科学革命》,吴国盛译,吉林人民出版社1999年版。

14.〔美〕克利福德·格尔兹:《文化的解释》,纳日碧力戈等译,上海人民出版社1999年版。

15.〔美〕雷切尔·卡逊:《寂静的春天》,吕瑞兰等译,吉林人民出版社1997年版。

16.〔美〕罗伯特·F.莫菲:《文化和社会人类学》,吴玫、杨清华译,中国文联出版公司2005年版。

17.〔美〕罗伯特·路威:《文明与野蛮》(第2版),吕叔湘译,生活·读书·新知三联书店2005年版。

18.〔美〕马文·哈里斯(M. Harris):《文化人类学》,东方出版社1988年版。

19.〔美〕马歇尔·萨林斯:《石器时代的经济学》,张经纬等译,生活·读书·新知三联书店2009年版。

20.〔美〕马歇尔·萨林斯:《甜蜜的悲哀》,王铭铭、胡宗泽译,生活·读书·新知三联书店2000年版。

21.〔美〕马歇尔·萨林斯:《文化与实践理性》,赵丙祥译,上海人民出版社2002年版。

22.洪大用:《社会变迁与环境问题》,首都师范大学出版社2001年版。

23.黄鼎成、王毅、康晓光:《人与自然关系导论》,湖北科学技术出版社1997年版。

24.黄淑娉主编:《文化人类学理论方法研究》,广东高等教育出版社 1996 年版。

　　25．凯·米尔顿：《环境决定论与文化理论：对环境话语中的人类学角色的探讨》，袁同凯、周建新译，民族出版社 2007 年版。

　　26．克利福德·吉尔兹：《地方性知识——阐释人类学论文集》，王海龙、张佳瑄译，中央编译出版社 2000 年版。

　　27．李博主编：《生态学》，高等教育出版社 2002 年版。

　　28．林耀华主编：《民族学通论》，中央民族大学出版社 1997 年版。

　　29．麻国庆：《走进他者的世界》，学苑出版社 2001 年版。

　　30．马文·哈里斯：《人类学的趋势》，社会科学文献出版社 2000 年版。

　　31．尚玉昌：《生态学概论》，北京大学出版社 2003 年版。

　　32．宋蜀华主编：《民族学理论与方法》，中央民族大学出版社 1998 年版。

　　33．孙振玉主编：《人类生存与生态环境》，黑龙江人民出版社 2005 年版。

　　34．夏建中：《文化人类学理论学派》，中国人民大学出版社 1997 年版。

　　35．肖显静：《环境与社会——人文视野中的环境问题》，高等教育出版社 2006 年版。

　　36．杨庭硕、吕永峰：《人类的根基——生态人类学视野中的水土资源》，云南大学出版社 2004 年版。

　　37．曹伟：《城市·建筑的生态图景》，中国电力出版社 2006 年版。

　　38．《习近平总书记系列重要讲话读本》，学习出版社、人民出版社 2014 年版。

　　39．《习近平谈治国理政》，外文出版社 2014 年版。

　　40．万军：《社会建设与社会管理创新》，国家行政学院出版社 2011 年版。

　　41．《中共中央关于制定国民经济与社会发展第十五个五年规划的建议》，人民出版社 2010 年版。

42. 阿隆：《社会学主要思潮》，上海译文出版社 2005 年版。

43. 何增科：《公民社会与民主治理》，中央编译出版社 2007 年版。

44. 丁元竹：《中国社会建设：战略思路与基本对策》，北京大学出版社 2008 年版。

45. 窦玉沛：《社会管理与社会和谐》，中国社会科学出版社 2005 年版。

46. 孙立平：《博弈：断裂社会的利益冲突与和谐》，社会科学文献出版社 2005 年版。

47. 彼得·德鲁克：《卓有成效的社会管理》，东方出版社 2009 年版。

48. 曼切尔·卡斯特：《网络社会的崛起》,社会科学文献出版社 2006 年版。

49. 何增科：《社会管理与社会体制》，中国社会出版社 2006 年版。

50. 邓伟志、张钟汝：《社会管理与社会政策》，上海人民出版社 2007 年版。

51. 吴鹏森、章友德：《城市社区建设与管理》，上海人民出版社 2007 年版。

52. 高国舫:《新经济社会组织党建研究》，中央党校出版社 2006 年版。

53. 孙晓莉：《中外公共服务体制比较》，国家行政学院出版社 2007 年版。

54. 钱宁：《现代社会福利思想》，高等教育出版社 2006 年版。

55. 尹保华:《社区建设创新与社会管理》，知识产权出版社 2012 年版。

56. 龚维斌:《社会管理与社会建设》，国家行政学院出版社 2011 年版。

57. 陈金龙主编：《科学发展在广东·社会建设篇》，广东教育出版社 2013 年版。

58. 《党的基层组织工作手册》，人民出版社 2013 年版。

59. 张世飞、汤涛：《中国共产党治国党建方略研究》，中国人民大学出版社 2014 年版。

60. 蔡礼强：《群众路线学习读本》，社会科学文献出版社 2013 年版。

61. 人民日报理论部主编：《精神的力量：中国共产党伟大精神最新阐释》，人民日报出版社 2011 年版。

62. 张维为：《中国震撼：一个文明型国家的崛起》，上海人民出版社 2012 年版。

63. 牛季平：《绿色建筑与城市生态环境》，《工业建筑》2009 年第 12 期。

64. 张勤：《推行绿色建筑建设生态城市》，《今日国土》2005 年第 12 期。

65. Melby P.，［美］开尔卡特（Cathcart，T.）：《可持续性景观设计技术：景观设计实际运用》，机械工业出版社 2005 年版。

66. 谢浩、刘晓帆：《体现可持续发展原则，创造高技术生态建筑》，《房材与应用》2002 年第 10 期，第 6—8 页。

67. 丁金学、梁月林：《城市绿色交通发展的回顾与展望》，《综合运输》2013 年第 9 期。

68. 马素贞、孙大明：《绿色生态城区规划建设模式和项目实践》，《建设科技》2013 年第 16 期。

69. 刘琰：《我国绿色生态城区的发展现状与特征》，《建设科技》2013 年第 16 期。

70. 李献士、李健：《流域生态利益相关者共同治理机制研究》，《资源开发与市场》2013 年第 1 期。

71. 王建廷、蔡海玉：《绿色建筑物业管理创新研究》，《天津城市建设学院学报》2012 年第 4 期。

72. 仇保兴：《我国低碳生态城市建设的形势与任务》，《城市规划》2012 年第 12 期。

73. 敖燕：《生活垃圾处理立法刻不容缓》，《公民导刊》2012 年第 11 期。

74. 熊群英：《绿色物业管理研究》，《企业技术开发》2012 年第 22 期。

75. 李爱民、于立：《中国低碳生态城市指标体系的构建》，《建设科技》2012 年第 12 期。

76. 张农科：《关于我国物业管理模式的反思与再造》，《城市问题》2012 年第 5 期。

后　记

　　为了总结深圳市光明新区成立以来的实践历程与创新经验，2013 年下半年，光明新区就成立了课题组，酝酿组织本书的调研和写作。一年多后即完成书稿，后因故未提交送审。直至 2015 年下半年才重启送审程序，顺利通过专家评审后即着手出版事宜。

　　本书以改革创新为主线，以中国特色社会主义事业的基本布局为框架，力图全景式展示光明新区自成立以来在各方面工作中取得的成绩，着重分析改革创新和绿色发展是光明新区的重要特色，也是取得成绩的重要原因。本书不仅对新区自成立以来的成绩和经验进行了总结分析，而且依据客观实际对未来的发展方向和前景进行了展望，以期对未来的实际工作有所参照。

　　本书在调研和写作期间，自始至终得到新区相关部门和办事处的大力支持，也得到深圳市委党校及其他学术机构专家学者的大力支持。本书在编写中，参考了有关著作和资料，在注释和参考文献中都做出了标注，在此，谨向有关部门、有关作者表示真诚的感激和敬意。

　　此外，还要对一直关心支持本书调研写作的李保军、刘伟新、徐松明、乔宏彬、周子友、顾东忠等领导，以及参与本书调研和写作的光明新区发展研究中心李绍元、刘成、刘涛等同志，深圳市委党校袁晓江、徐晓迪、宫正等同志，一并表示衷心感谢！

　　2014 年年底本书截稿后，2015 年深圳市又迎来了新的发展契机；习近平总书记对深圳市工作作出重要批示；深圳市第六次党代会胜利召开。放眼未来，习近平总书记关于深圳工作的重要批示精神和深圳市第六次党代会精神就是指引光明新区实现新发展和新突破的重要指导方针！光明新区一定肩负起改革创新的使命，为深圳市"四个全面"事业做出新贡献！

2015 年 10 月